Dorothee Seelhöfer
Simone Weil

topos taschenbücher, Band 679

Dorothee Seelhöfer

Simone Weil

Philosophin –
Gewerkschafterin – Mystikerin

topos taschenbücher

Verlagsgemeinschaft topos plus
Butzon & Bercker, Kevelaer
Don Bosco, München
Echter, Würzburg
Lahn-Verlag, Kevelaer
Matthias-Grünewald-Verlag, Ostfildern
Paulusverlag, Freiburg (Schweiz)
Friedrich Pustet, Regensburg
Tyrolia, Innsbruck

e verlags gruppe engagement

Bibliografische Information der Deutschen Nationalbibliothek
Die Deutsche Nationalbibliothek verzeichnet diese Publikation in der Deutschen Nationalbibliografie; detaillierte bibliografische Daten sind im Internet über http: // dnb.d-nb.de abrufbar.

2009 Verlagsgemeinschaft **topos** plus, Kevelaer
2. Auflage

Originalausgabe

Einband- und Reihengestaltung | Finken & Bumiller, Stuttgart
Die Abbildungen im Buchinnern wurden freundlicherweise zur Verfügung gestellt von der Association pour l'étude de la pensée de Simone Weil, 5, Rue Monticelli, 75014 Paris.
Herstellung: Pustet | Regensburg
Printed in Germany

Topos ISBN: 978-3-8367-0679-7

www. toposplus.de

Inhalt

„Ich beneidete sie um ein Herz, das imstande war, für den ganzen Erdkreis zu schlagen."[1]

Simone de Beauvoir

Vorwort

„Simone Weil war eine universale Frau". Damit ist weder gemeint, daß das Attribut „universal" das einzige wäre, das man dieser Frau zuschreiben könnte, noch daß es das treffendste wäre, könnte man sie doch mit mindestens gleicher Berechtigung als eine absolute oder radikale Frau bezeichnen. Aber dieses Adjektiv scheint mir am besten die Bedeutung der Weiblichkeit Simone Weils wiederzugeben. Schon als Kind hatte die Tochter eines wohlhabenden jüdischen Arztes die Neigung, sich den Unterprivilegierten, den Arbeitern, zuzuwenden. Um wieviel mehr verstärkte sich diese Tendenz bei der jungen, in der Gewerkschaftsbewegung engagierten Simone Weil und bei der Mystikerin, die in der Lage war, ihr christliches Denken durch die Traditionen anderer Religionen zu bereichern! Diese Universalität auf verschiedenen Ebenen erscheint als der Widerpart eines männlichen, auf Selbstbehauptung gerichteten Denkens, das in der Geschichte der Völker soviel Unheil angerichtet hat.

Simone Weil war Philosophin, soziale und politische Kämpferin, Agnostikerin und später Christin, Marxistin und Mystikerin. Dennoch bleibt sie unklassifizierbar, weil sie diese Etiketten zum Teil nur in einem eingeschränkten bzw. besonderen Sinn verkörperte. Ihren gemeinsamen Nenner aber finden diese Bezeichnungen in der Suche dieser faszinierenden Frauengestalt nach der Wahrheit, die immer nur das Gute sein kann, in der daraus folgenden Unfähigkeit, Kompromisse mit dem Leben zu schließen und in der Radikalität, mit der Denken und Handeln zu einer Einheit gebracht werden. Gerade darin aber liegt Simone Weils Bedeutung für den Menschen von heute: in der Entschlossenheit, erst nach dem Sinn ihres Lebens zu fragen, um dann das als wahr Erkannte konsequent und authentisch zu leben.

Die Zielsetzung dieses Buches ist es, das Leben dieser außergewöhnlichen Frau in seinen Grundzügen darzustellen. Der enge Rahmen dieser Biographie gebietet, die wesentlichen Informationen auszuwählen. Nicht jeder Leser und jede Leserin wird mit dem hier angebotenen Material zufrieden sein. Ich verweise daher auf die umfangreichere deutschsprachige Biographie Jacques Cabauds und die französische zweibändige Lebensbeschreibung Simone Pètrements, deren Aufriß ich zum größten Teil gefolgt bin. Der Akzent der vorliegenden Biographie liegt auf der Bedeutung Simone Weils als Frau. Am Ende versuche ich, die Aktualität dieser außergewöhnlichen Frauengestalt herauszuarbeiten. Simone Weil war keine Feministin, und man darf sie auch nicht für die feministische Bewegung vereinnahmen. Dennoch bieten ihr Denken und Handeln mancherlei Anregung für Leserinnen und Leser, denen die Gleichberechtigung der Frau ein Anliegen ist.

Die Gestalt Simone Weils fasziniert, fordert aber auch heraus, nicht nur durch die Radikalität ihres Denkens und Handelns, sondern auch durch das Ausmaß ihres asketischen Lebens sowie durch so manche Einseitigkeit ihrer Haltung. Dennoch sollten sich Leserinnen und Leser ihrem Leben und Werk nähern, ohne sie allzu schnell zu be- oder gar verurteilen, ohne sie zu kategorisieren. Denn das Leben dieser mit nur vierunddreißig Jahren gestorbenen Frau ist unvollendet geblieben, und ihr Werk zeichnet sich durch einen disparaten und unsystematischen Charakter aus.

Simone Weil hat den größten Teil ihrer Schriften nicht in der ersten Person geschrieben, und in ihren letzten Zeilen an Pater Perrin bat sie ihn, seine Aufmerksamkeit nicht ihr zuzuwenden, sondern ihrem Werk. In einem ihrer letzten Briefe an ihre Eltern beklagt sie sich darüber, daß die Menschen ihre Intelligenz loben, anstatt sich zu fragen, ob sie die Wahrheit spricht. Wenn man nun das Leben dieser ungewöhnlichen Frau schildern möchte, muß man auch ihr Werk berücksichtigen, denn große Gestalten zeichnen sich gerade durch die Einheit von Leben und Werk aus. Dieser Tatsache soll in dieser Biographie auf angemessene Weise Rechnung getragen werden.

Ich danke Professor Dr. André-A. Devaux, dem ehemaligen Präsidenten der französischen Simone-Weil-Gesellschaft, für seine Beratung und für die Leihgabe der in diesem Buch abgedruckten Fotos. Ebenso danke ich meinem Vater Johannes Fragemann für die unermüdliche Korrektur des Manuskriptes und meinem Bruder Manfred Fragemann für die technische Unterstützung.

Dorothee Seelhöfer

1. Kindheit und Jugendjahre (1909–1925)

Simone Weil wird am 3. Februar 1909 in Paris, Boulevard de Strasbourg Nr. 19, geboren, ihr Bruder André am 6. Mai 1906. Die Familie des Vaters, Doktor Bernhard Weil, stammte aus dem Elsaß, die der Mutter, Selma Weil, geborene Reinherz, aus Galizien in Rußland. Die Familie Reinherz war eine sehr kultivierte, musikalische, ja künstlerische Familie. Daher schrieb man die Begabung der beiden Kinder André und Simone den Eltern der Mutter zu. Sie waren nicht religiös geprägt; es waren Freidenker, die keinerlei Bindung mehr an ihre jüdische Religion besaßen. Anders die Eltern Bernhard Weils; vor allem seine Mutter war eine strenge Jüdin. Wenn sie bei ihrem Sohn zu Besuch war, folgte sie Madame Weil in die Küche, um zu prüfen, ob sie bei der Zubereitung der Speisen die jüdischen Gesetze befolgte.

Selma Weil war eine kleine, energische Frau, mit großem praktischem Geschick begabt, und zeichnete sich durch eine Bereitschaft zur Selbstaufopferung aus, die ihre Autorität aber nicht schmälerte, sondern im Gegenteil eher stärkte: Man war geneigt, sich von ihr umso eher führen zu lassen.

Der Vater Simones, Bernhard Weil, war eine schweigsame, sensible Persönlichkeit. Seine hervorstechenden Eigenschaften waren zum einen seine manchmal rücksichtslose Offenheit, zum anderen der völlige Mangel an Egoismus. In seiner Jugend hegte er große Sympathien für die Anarchie. Anders als seine Eltern war er zumindest Agnostiker, wenn nicht sogar Atheist.

Die Ehe von Bernhard und Selma Weil war außerordentlich glücklich. Dies wirkte sich auf die familiäre Atmosphäre sehr günstig aus. Nach dem Zeugnis der Weil-Biographin Simone Pètrement war diese Familie durch einen warmherzigen, aber auch witzelnden und ironischen Umgang gekennzeichnet (vgl. SP I, 20). Die Familienbande waren sehr stark, und die Eltern taten alles, um die Erziehung und Bildung ihrer Kinder zu fördern.

Simone Weil wird einen Monat zu früh geboren. Im sechsten Lebensmonat bekommt die Mutter eine Blinddarmentzündung, und wegen der einzuhaltenden Diät wird die Muttermilch weniger nahrhaft: Das Kind verfällt zusehends. Wenige Monate später hat Simone selbst eine Blinddarmreizung, verweigert die Nahrung, wächst nicht und bleibt kränklich bis zum 22. Lebensmonat. Verschiedene Autorinnen sehen in dieser Blockierung des oralen Triebes den Ursprung einer Magersucht bei Simone Weil.[2]

Später kaufen die Eltern ein Buch über Griechen und Römer für André; diese Geschichten hört auch Simone, und eines Tages sagt sie: „Existieren die Römer wirklich? Ich habe solche Angst vor den Römern." Als erwachsene Frau wird sie das Römische Reich als Inbegriff von Gewalt- und Machtausübung denunzieren.

Eines Tages, Simone ist knapp drei Jahre alt, schenkt ihr eine Cousine einen Ring, worauf die Kleine erwidert: „Ich mag keinen Luxus." Ihre Neigung zur Selbstbeschränkung und zur Einfachheit ist schon sehr früh sichtbar.

Zur Charakterbildung der beiden Kinder tragen im wesentlichen nicht nur die antiken Sagen bei, sondern auch Grimms Märchen. Simone Weil bleibt bis an ihr Lebensende von der Moralität der Märchen geprägt, das Verlangen nach dem Guten, das sie später bei Platon wiederfindet, scheint durch diese Lektüre grundgelegt zu sein. Von besonderer Bedeutung ist für sie das Märchen „Goldmarie und Pechmarie". Die Heldin dieser Geschichte wird von ihrer Stiefmutter in den Wald geschickt und gelangt zu einem Haus. Dort wird sie gefragt, ob sie durch die Tür aus Gold oder die Tür aus Pech eintreten wolle. Sie antwortet: „Für mich ist die Tür aus Pech gut genug." Es ist die richtige Antwort, und sie wird mit einem Goldregen überschüttet. Als die Stiefmutter sieht, daß sie mit Gold zurückkehrt, schickt sie ihre eigene Tochter zu diesem Haus. Diese wählt jedoch die Tür aus Gold und wird mit Pech überschüttet. Die tiefe Moral dieser Geschichte, nämlich daß der Selbstverzicht erst glücklich macht, ist entscheidend für das Verständnis des Lebens von Simone Weil, das bei heutigen Leserinnen und Lesern ansonsten den Eindruck eines asketischen Rigorismus um seiner selbst willen hervorrufen könnte.

Die frühe Neigung zum Altruismus wird auch in der folgenden Episode deutlich. Bei einem Umzug ihrer Eltern entdeckt Simone, daß ihre Last leichter ist als die ihres Bruders. Sie weigert sich weiterzugehen, so daß man ihr ein schwereres Paket geben muß.

Jedoch darf man aufgrund dieser Selbstlosigkeit und des manifestierten Wunsches, die Bürde des anderen zu teilen, nicht annehmen, daß Simone Weil religiös oder gar christlich erzogen worden wäre. Ihre Eltern sind Agnostiker. Die mangelnde Bindung der Familie an ihre angestammte Religion ist sicherlich ein Grund für ihre spätere Ablehnung des Judentums.

Als André zur Schule geht, erzählt er ihr alles, was er dort lernt. Der Einfluß des älteren Bruders ist nicht zu unterschätzen. Er ist es, der Simone das Lesen lehrt, ihr noch vor Schulbeginn die Astronomie erklärt und mit ihr im Auswendiglernen und Hersagen von Versen der französischen Dramatiker Pierre Corneille und Jean Racine wetteifert. Bald stellt sich heraus, daß André ein mathematisches Genie ist. Eventuell hat die jüngere Schwester daher einen Minderwertigkeitskomplex entwickelt, nach Meinung des Bruders hat dieser jedoch nicht lebenslang bestanden.[3]

Zu dieser Zeit beginnt auch die Angst vor Bakterien und, damit verbunden, die Abwehr von Zärtlichkeiten und Umarmungen. In der Arztfamilie Weil wäscht man sich vor dem Essen gründlich die Hände. André geht so weit, nach dem

Abb. 1: Simone Weil mit Bruder

Händewaschen eine Tür nur noch mit dem Ellbogen zu öffnen. Bei Simone führt die Angst dazu, daß sie weder umarmt werden, noch bestimmte Dinge essen, noch Dinge berühren will, die andere schon berührt haben. Sie spricht von ihrem Ekel. Dieser Ekel begleitet sie weiterhin, wie ihre Tagebücher nachweisen. Sicherlich ist diese übertriebene Angst vor Bakterien zum einen der Ursprung der freiwilligen Ehelosigkeit Simone Weils, da er eine Ablehnung körperlichen Kontaktes mit sich bringt, zum anderen aber auch ihres späteren strengen spirituellen Begriffs der Reinheit.

Es kommt die Zeit für Simone, in die Schule zu gehen. Sie ist eine ausgezeichnete Schülerin, jedoch zeigt sich schon eine gewisse manuelle Langsamkeit und Ungeschicktheit, die sie nie verlieren wird. Sie schreibt sehr langsam und versagt vollkommen beim Anfertigen von geographischen Skizzen und im Fach Kunst. Eine Klassenkameradin aus dieser Zeit urteilt, daß Simone im Hinblick auf geistige Reife den anderen weit voraus gewesen sei, obwohl sie zwei Jahre jünger ist. Ihr Einfluß auf die Klassenkameradinnen ist jedoch so stark, daß sie diese dazu bewegt, mit ihr klassische Tragödien zu spielen oder Gedichte zu lesen. Ein Spielzeug gibt es im Hause Weil nicht, von einem Ball abgesehen. Simone hat auch nie mit Puppen gespielt oder Gefallen an Handarbeiten gefunden.

Simone beginnt immer mehr, sich für die Politik zu interessieren. Als eine Freundin sich als Kommunistin bezeichnet, entgegnet die damals etwa elf Jahre alte Simone: „Und ich bin Bolschewikin." Diese Bemerkung eines Kindes, das nicht viel vom Kommunismus wissen kann, zeigt, daß sie sich schon in ihrer Kindheit auf die Seite der am Rande der Gesellschaft Stehenden schlägt. Als auf dem Boulevard St. Michel eine Demonstration von Arbeitslosen stattfindet, geht Simone hin.

Vermutlich zu dieser Zeit, im Winter 1920/21, schreibt sie zum ersten Mal etwas Literarisches, das Märchen *Les Lutins du feu* (P, 37–39). Diese Geschichte erzählt vom ewigen Stirb und Werde des Lebens und ist reich an archetypischen Bildern.

Zwei Jahre später macht Simone Weil eine schwere Krise durch, die zum einen durch die Pubertät bedingt ist, zum andern durch eine arrogante und ironische Lehrerin verursacht wird, die zugleich Simones Unterlegenheitsgefühl ihrem Bruder gegenüber nur noch verstärkt.

In ihrer spirituellen Autobiographie, dem vierten Brief an Pater Perrin, schreibt sie 1942 rückblickend: „Mit vierzehn Jahren verfiel ich einer jener grundlosen Verzweiflungen des Jugendalters, und ich wünschte ernstlich zu sterben wegen der Mittelmäßigkeit meiner natürlichen Fähigkeiten. Die außergewöhnliche Begabung meines Bruders, dessen Kindheit und Jugend sich mit derjenigen Pascals vergleichen läßt, zwang mich, mir dessen bewußt zu werden. Nicht dies schmerzte mich, daß ich auf äußerliche Erfolge verzichten sollte, sondern daß ich niemals hoffen durfte, den Zugang zu jenem transzendenten Reich zu finden, zu dem einzig die echten großen Menschen Zutritt haben und in dem die Wahrheit wohnt. Ich wollte lieber sterben, als ohne sie zu leben. Nach Monaten innerer Verfinsterung empfing ich plötzlich und für immer die Gewißheit, daß jedes beliebige menschliche Wesen, selbst wenn es so gut wie gar keine natürlichen Fähigkeiten besitzt, in dieses dem Genie vorbehaltene Reich der Wahrheit eindringt, sobald es nur die Wahrheit begehrt und seine Aufmerksamkeit in unaufhörlicher Bemühung auf ihre Erreichung gerichtet hält“ (UG, 44).

An dieser Stelle werden nicht nur die jugendlichen Schwierigkeiten bei der Selbstfindung erkennbar, sondern auch die große Bedeutung, die der Wert der Wahrheit für Simone Weil hat. Religiöse Wahrheit ist an dieser Stelle noch nicht gemeint, sondern die „Schönheit, die Tugend und jede Art des Guten“. Trotzdem ist in der passiven Verbform „empfing ich“ der Aspekt der Gnade angedeutet. Dies ist jedoch auf die rückblickende Perspektive zurückzuführen. Das Verlangen nach der Wahrheit wird sich später auch praktisch zeigen in der Weigerung Simone Weils, mit dem Leben Kompromisse zu schließen, in ihrer Geradlinigkeit und der fehlenden Angst vor dem Urteil anderer.

Ihren Tagebüchern zufolge (C I, 20) macht sie sich mit fünfzehn Jahren das Bild des „unbekannten Freundes“. Dies zeigt, daß Simone ein großes, unerfülltes Verlangen nach Freundschaft hat.

In diesem Jahr wird Simone Schülerin des Philosophieprofessors Le Senne am Victor-Duruy-Lyzeum, an dem sie ihr Baccalauréat ablegen will. Le Senne vertritt einen absoluten Idealismus, den Simone zu teilen scheint. Er hält sie für eine der brillantesten Schülerinnen, die er in seiner Laufbahn gehabt hat. Jedoch scheint Le Senne keinen nachhaltigen Einfluß auf Simone Weil ausgeübt zu haben.

An dieser Schule findet sie in Suzanne Gauchon eine enge Freundin. Durch diese lernt sie Edwige Copeau kennen, die später, angeregt durch die Rückkehr ihres Vaters zum Katholizismus, Benediktinerin wird. Simone, die des öfteren mit Edwige über religiöse Fragen diskutiert hat, scheint diese Entscheidung zu begrüßen. Dennoch denkt sie zu diesem Zeitpunkt nicht an einen Eintritt in die katholische Kirche, wenngleich religiöse Fragen sie sehr interessieren. Mehr noch fasziniert sie die Politik. Jeden Tag nimmt sie Zeitungen radikaler Parteien mit in das konservative, mondäne Victor-Duruy-Lyzeum, ohne jedoch Schwierigkeiten zu bekommen.

Nach den Baccalauréatsprüfungen wechselt Simone Weil im Oktober 1925 zum Lycée Henri IV, um sich dort auf die Ecole Normale, die Hochschule für Gymnasiallehrer, vorzubereiten. Dort trifft sie Emile Chartier, genannt Alain, den großen Philosophielehrer, der sie nachhaltig beeinflußt und gefördert hat.

Abb. 2: Simone Weil am Lycée Fénelon
(2. Reihe, 1. von links)

2. Studienzeit (1925–1931)

Alain übt auf seine Schülerin Simone Weil sowohl in geistiger als auch in methodischer Hinsicht einen großen Einfluß aus. Hat sie zwar ihren Weg schon zum Teil in der Parteinahme für die Benachteiligten, in der Ablehnung der herrschenden sozialen Ordnung gefunden, so trägt doch die Begegnung mit Alain zu einer Differenzierung und Erweiterung ihres Denkens bei. Er lehrt sie, die Gründe für die soziale Unterdrückung zu suchen und zu einfache Lösungen, wie die der sozialen Revolution, abzulehnen. Er schärft ihre später so gelobte Klarsicht und Urteilskraft durch seine Anleitung zur kritischen Analyse und zum unabhängigen, unvoreingenommenen Urteil. Eine weitere methodische Bereicherung erfährt Simone Weil dadurch, daß Alain seine Schüler das wissenschaftliche Schreiben lehrt. Er läßt sie kurze Aufsätze zu einem bestimmten, selbstgewählten Thema, sogenannte Topoi, verfassen, denn er ist der Meinung, daß das Formulieren das Denken schule.[4] Der erste Topos, im Schuljahr 1925/26 geschrieben und nur noch als Fragment erhalten, handelt von der Rolle der Vorstellung in der Wahrnehmung und zeigt deutlich den Einfluß Alains. Seine Hauptidee ist, daß die Bilder, die durch die menschliche Vorstellungskraft erzeugt werden, nicht nur die Form von Objekten und auch keine bloßen Abbilder sind, sondern in den Bewegungen des Körpers bestehen, in Körperhaltungen und Gesten. Ein weiterer, bedeutsamerer Topos mit dem Titel *Das Märchen der sechs Schwäne bei Grimm* stellt die Bedeutung der Enthaltung vom Handeln heraus. In diesem Märchen geht es um sechs Brüder, die von ihrer Stiefmutter, einer Hexe, in Schwäne verwandelt wurden. Damit sie ihr menschliches Aussehen wiederbekommen, muß ihre Schwester sechs Hemden aus Sternblumen nähen und darf in dieser Zeit weder lachen noch reden. Sie braucht sechs Jahre für diese Arbeit. Ihr Schweigen aber bringt sie in große Gefahr, da sie den Anschuldigungen ihrer bösen Stiefmutter nicht entgegentreten kann. Im Moment ihrer Hinrichtung kann sie ihren Brüdern die Hemden überstreifen und sich verteidigen. Die Arbeit der Schwester deutet Simone Weil als ein Nichthandeln. Das Schweigen rettet eher als die Hemden, das Opfer eher als das Ergebnis des Opfers. Diese Interpretation verweist schon auf die späteren religiösen Schriften Simone Weils, in denen sie die Thematik der Enthaltung vom Handeln, des Schweigens und des Opfers wiederaufnehmen wird.

Ein anderer Topos, *Le beau et le bien*, vom Februar 1926 führt diese Linie weiter. Es handelt sich um die Geschichte von Alexander dem Großen, der mit seinen Soldaten die Wüste durchquert und mit ihnen großen Durst leidet. Als man von weit her Wasser holt und es ihm in einem Helm darreicht, verschüttet er es, um kein Privileg für sich zu beanspruchen. Die junge Autorin veranschaulicht damit ihre These, daß der moralische Akt frei und unvorhersehbar sei und einem Kunstwerk gleiche. Eine solche Tat sei ein Akt der Reinheit, da eine Beherrschung der Leidenschaften gefordert werde. Durch sie rette man seine Menschlichkeit. Simone Weil erweitert nun die Interpretation durch eine Anspielung auf den Kreuzestod Jesu: „Es genügte also, gerecht und rein zu sein, um die Welt zu retten, was der Mythos vom Gottmenschen ausdrückt, der die Menschen von den Sünden allein durch die Gerechtigkeit und nicht durch eine politische Aktion erlöst“ (OC I, 71).

In diesem Topos wird der Einfluß Alains, vor allem seine Moralphilosophie, sichtbar. Er vertritt den Standpunkt, daß man eine moralische Pflicht zunächst in bezug auf sich selbst habe, und wenn man diese erfülle, werde man auch den Mitmenschen gerecht. Darüber hinaus lehrt er, daß die Pflicht nicht durch eine konventionelle Regel konstituiert werde, sondern durch eine innere Einstellung. Diese richtige innere Einstellung habe allerdings die Beherrschung der Leidenschaften zur Voraussetzung. Er übernimmt die Cartesische Trennung von Materie und Geist und ist der Meinung, man müsse seinen Körper beherrschen können wie eine Maschine. Alains Philosophie ist in erster Linie Moral- und Willensphilosophie. Die Liebe zur Moral und zum Guten hat er mit seiner Schülerin gemeinsam, jedoch wird Simone in ihrem Spätwerk seine Willensphilosophie überwinden.

Es gibt aber auch noch andere Aspekte seiner Philosophie, die Simone Weil in ihr Denken integriert. Sie nimmt gleichfalls die antiklerikale Haltung Alains ein: Beide lehnen zugunsten der Freiheit des Denkens Dogmenbildung ab, beide schätzen zwar die Liturgie, nicht aber die Kirche als soziales Gebilde. Diese sei eine Institution der Macht, sie vertrete nicht die Religion der Schwachheit des Kreuzes, die das Christentum in Wahrheit sein solle. Simone Weil übernimmt später die Kritik Alains am Alten Testament, das zum Teil voller Grausamkeiten sei, sowie sein Gottesbild. Gott ist für Alain ein schwacher Gott, denn er habe auf seine Macht verzichtet. Zeichen des Machtverzichts Gottes sei das Kreuz als der Endpunkt eines Lebens, das in einer Krippe begann. Auch den Gedanken des abwesenden Gottes findet Simone Weil im Ansatz bei Alain, der den Glauben an Gott in der Schwebe hält. Simone Pètrement sieht den Grund für die Suspendierung des Urteils über Gott und seine Existenz bei Alain darin, daß der gesicherte Gottesglaube die Gefahr berge, autonome Moral unmöglich zu machen. Der Glaubende handle sittlich nur für Gott, nicht seinem Ethos oder dem Nächsten zuliebe. Alain, für den die Moral die Essenz der wahren Religion ist, möchte sie ohne selbstbezogenen Zweck gelebt wissen.

Seine Schülerin hat diesen „läuternden Atheismus“ übernommen, aber ihn in ihrem Spätwerk anders begründet. Da der theistische Glaube einen Trost und damit eine Illusion darstellen könne, solle die völlige Reinheit der Gottesliebe erstrebt werden, die nur objektlos gewährleistet sei. Der „läuternde Atheismus" sei eine Askese des Denkens, die falschen Gottesbildern vorbeugen und die Beziehung des Gläubigen zu Gott von ichbezogenen Motiven befreien solle.

Die junge Simone Weil jedoch ist Agnostikerin, wie sie 1942 rückblickend schreibt: „Seit meiner Jugend war ich der Ansicht, daß das Gottesproblem ein Problem ist, dessen Voraussetzungen uns hienieden fehlen, und daß die einzige sichere Methode, eine falsche Lösung zu vermeiden (...), darin besteht, es nicht zu stellen. Also stellte ich es nicht. Ich bejahte weder, noch verneinte ich" (UG, 42). Anderthalb Jahre später spricht sie sogar davon, Atheistin gewesen zu sein: „Um Gott zu gehorchen, muß man seine Befehle erhalten. Wie geschah es, daß ich sie in der Jugend erhalten habe, als ich mich zum Atheismus bekannte?" (CS, 87). Wenn sie 1942 rückblickend ihre Lebensauffassung in der Jugend als christlich bezeichnet, so meint sie vor allem die klar von der Dogmatik unterschiedene moralische Ebene mit den Werten der Armut, Nächstenliebe und Reinheit (UG, 46).

Ihre Persönlichkeit ist zu dieser Zeit schon recht ausgeprägt. Sie legt großen Wert auf Freundschaft. Sie ist sehr hilfsbereit, großzügig und schnell erzürnt über die ungerechte Behandlung anderer. Sie zeigt eine große Willensstärke, ist sehr neugierig, was die wichtigen Fragen des Lebens betrifft, und besitzt die Zielsetzung, alles Wichtige in ihrem Leben zu verwirklichen. Sie fürchtet, den Sinn ihres Lebens und, darüber hinaus, ihren Tod zu verpassen. Sehr früh kommen also schon jene Entschlossenheit und jene Absolutheit zum Ausdruck, die vielleicht den dominantesten Zug ihres Charakters ausmachen.

In manuellen Dingen ist sie nach wie vor sehr langsam und ungeschickt. Ihre äußere Erscheinung ist schon zu jener

Zeit höchst unkonventionell. Sie trägt Kleider mit maskulinem Zuschnitt und flache Schuhe. Sie verzichtet auch auf den Hut, was für die Bourgoisie jener Zeit höchst ungewöhnlich ist. Viele ihrer Kameraden haben das Gefühl, daß ihr etwas Menschliches fehle. Sie macht einen so vergeistigten Eindruck, daß ihr die Bedürfnisse der Natur und die menschlichen Schwächen zu fehlen scheinen. Alain nennt sie „la Martienne", womit er sagen will, daß „sie nichts von uns hatte und uns alle souverän beurteilte" (SP I, 65).

Da sie schon einen ganz bestimmten Lebensentwurf hat, betrachtet sie es als Unglück, eine Frau zu sein. Sie will ihr Leben dem Einsatz für die Humanität widmen und, so weit wie möglich, das Leben eines Mannes führen. So erklärt sich der männliche Zuschnitt ihrer Kleidung, die mit der Zeit immer ärmlicher wird. Ein anderer Grund für die Vernachlässigung ihrer Garderobe ist die fehlende Zeit und der Mangel an Energie angesichts ihres oft schlechten Gesundheitszustands.

Ihre Familie macht sich über diesen Wunsch, als Mann behandelt zu werden, lustig und nennt sie „Simon" oder „unser Sohn Nummer zwei". Als Simone während ihrer Zeit an der Ecole Normale an ihre Mutter schreibt, kommt es vor, daß sie von sich selbst in der männlichen Person spricht und mit „Dein respektvoller Sohn" unterschreibt. Es ist eine Art Spiel, und doch verbergen sich die oben genannten ernsthaften Gründe hinter dieser Umgangsweise. Madame Weil hatte sich bemüht, bei ihrer Tochter die männlichen Tugenden mehr zu fördern als die Weiblichkeit.

Auch die Entscheidung, auf Liebe und Ehe zu verzichten, hat schon die junge Simone Weil getroffen. 1934 schreibt sie an eine Schülerin: „Ich kann Ihnen gestehen, daß ich in Ihrem Alter und auch später, als die Versuchung kam, Liebe kennenzulernen, mich dagegen zur Wehr gesetzt habe, indem ich mir sagte, es sei besser, mein ganzes Leben nicht in einer unvorhersehbaren Richtung zu orientieren, bevor ich nicht einen Reifegrad erreicht habe, der mir zu wissen erlaubt, was ich im allgemeinen vom Leben verlange und erwarte“ (FS, 35). Zum einen hat also die schon erwähnte Entschlossenheit Simone Weils, einem bestimmten Lebensentwurf zu folgen, zu ihrer Entscheidung beigetragen. Damit verbunden ist die Befürchtung, sich in der Liebe selbst zu verlieren. Zum anderen möchte sie aber auf die Machtausübung über das Leben eines anderen verzichten. Dies zeigt die Fortsetzung des Briefes: „Ich füge hinzu, daß die Liebe eine noch schrecklichere Gefahr zu enthalten scheint, als wenn man blind seine Existenz aufs Spiel setzt; es ist die Gefahr, der Schiedsrichter einer anderen menschlichen Existenz zu werden, sofern man wirklich geliebt wird. Meine Schlußfolgerung (die ich Ihnen nur als Hinweis mitteile) lautet nicht, man solle die Liebe fliehen, sondern man solle sie nicht suchen, vor allem wenn man sehr jung ist. Ich glaube, es ist dann besser, ihr nicht zu begegnen.“

Für die Schule, außer für die Fächer Philosophie und Latein, zeigt sie zunächst nicht allzu viel Interesse. So kommt es, daß sie später bei der Aufnahmeprüfung für die Ecole Normale, vor allem wegen ihrer Note in Geschichte, durchfällt. Auch ist sie bald das schwarze Schaf der Schulverwaltung. Als der stellvertretende Schulleiter eines Tages entscheidet, daß Mädchen und Jungen im Klassenraum getrennt sitzen sollen, macht Simone zwei Schilder, auf denen zu lesen ist „Seite der Frauen“ und „Seite der Männer“. Der stellvertretende Schulleiter erwischt sie dabei, und dies ist vielleicht der Grund, weshalb sie für acht Tage Schulverbot bekommt. Simone ist glücklich, mit der Schulleitung auf Kriegsfuß zu stehen. Die Schüler des Henri-IV-Gymnasiums sind bekannt für ihren Nonkonformismus und ihren Einfallsreichtum. Nach dem Urteil einiger Lehrer scheint Simone Weil diese Eigenart noch zu verstärken.

An dieser Schule freundet sie sich mit Simone Pètrement an, ihrer späteren Biographin. Vor allem aber schließt sie

Abb. 3: Ansicht des Lycée Henri IV

Freundschaft mit René Château, Jacques Ganuchaud und Pierre Letellier. Sie liebt es, mit ihnen ins Café zu gehen und zu diskutieren, eventuell hat sie sich hier das Rauchen selbstgedrehter Zigaretten angewöhnt. Pierre bringt sie die meiste Sympathie entgegen, vielleicht liebt sie ihn sogar insgeheim (SP I, 112). Er ist der Sohn von Léon Letellier, einem Schüler des Philosophen und Lehrers Alains, Jules Lagneau, den Simone sehr schätzt. Léon Letellier hat den berühmten Kurs Lagneaus über die Existenz Gottes gesammelt und verkörpert gleichzeitig das Ideal Simones, sowohl Denker als auch praktischer Arbeiter zu sein.
Simone und ihre drei Freunde interessieren sich auch für die Politik. Sie ist wohl niemals in die Kommunistische Partei eingetreten, fühlt sich aber sehr von dieser politischen Gruppierung angezogen. In einem weiten Sinne ist sie Kommunistin, liest häufig die Parteizeitung „L'Humanité" und malt des öfteren Hammer und Sichel auf ihre Briefe und Notizen. André Weil hat längere Zeit eine Beitrittserklärung in Simones Zimmer liegen sehen, ohne zu wissen, ob sie jemals abgeschickt worden ist. Dies ist nicht sehr wahrscheinlich, da sie die Ablehnung sozialer Institutionen mit Alain teilt und auch eine Begrenzung ihrer Gedanken- und Handlungsfreiheit kaum akzeptiert hätte.
Ein wesentlicher Charakterzug Simones ist die große Wahrheitsliebe in kleinen und in großen Dingen. Auch duldet sie nicht die kleinste Abweichung zwischen Denken und Handeln. So ist es nicht verwunderlich, daß sie sich bald sozialpolitisch engagiert. Eine kleine Gruppe von Pazifisten hatte sich Ende 1927 gebildet und gibt eine monatlich erscheinende Zeitschrift heraus. Es ist möglich, daß Simone für diese Zeitschrift schriftstellerisch tätig ist, auf jeden Fall aber hilft sie beim Schreiben der Adressen.
Ein Kriegskamerad Alains, Lucien Cancouët, ist bei der Eisenbahn beschäftigt und aktiver Gewerkschafter. Er will seinen Kameraden helfen, sich fortzubilden und die Beför-

derungschancen zu bessern. So organisiert er mit einigen Schülern Alains Vorträge für das Volk und gründet mit ihnen 1927 die „Groupe d'education sociale" (Gruppe für soziale Bildung). Auch Simone schließt sich ihnen an und hält Kurse: Sie ist, wie die Mitglieder dieser Gruppe, der Meinung, daß Wissen eine Macht darstelle, und daß man das Volk dieser Macht nicht berauben dürfe. Als sie einmal einen Vortrag über Feminismus halten soll, bittet sie eine Anhängerin Alains, Madame Alexandre, sie zu vertreten und sagt: „Ich bin keine Feministin."

Nachdem sie die Aufnahmeprüfung für die Ecole Normale erfolgreich bestanden hat, tritt sie dort im Oktober 1928 ein. Zuvor hat sie an der Sorbonne schon das Lizentiat erworben. Ihr Lehrer an der Ecole Normale ist Léon Brunschvicg. Er hat die schwere Nachfolge von Alain anzutreten, was ihm nicht gelingt. Besonders die ehemaligen Schüler des Henri-IV-Gymnasiums haben nichts als Verachtung für ihn übrig, so auch Simone Weil. Es ist anzunehmen, daß dieser Lehrer keinerlei prägenden Einfluß auf sie ausübt.

Auch an der Ecole Normale engagiert sich Simone Weil sozialpolitisch. Sie unterstützt eine Kampagne, um die freie Gewissensentscheidung der Schüler für oder gegen den Wehrdienst zu erreichen, der damals für die Normaliens noch obligatorisch war. Außerdem tritt sie in die Liga für die Menschenrechte ein, deren Anliegen es ist, nicht nur die Rechte des einzelnen zu verteidigen, sondern auch auf einen Frieden mit dem „Erbfeind" Deutschland hinzuwirken.

Simone hat nicht nur Freunde in der Ecole Normale. Man fürchtet ihre direkte Art, Leuten ihre Verantwortung bewußt zu machen, indem sie um Unterschriften für eine Petition bittet oder Spenden sammelt. Auch mit der Schulleitung steht sie auf Kriegsfuß. Als Bouglé, der stellvertretende Direktor, auf einer Konferenz vom Vaterland spricht, steht Simone Weil auf und liest vermutlich ohne Kommentar eine Rede vor, in welcher der Autor sich für den notfalls nötigen Einmarsch in Belgien ausspricht. Nach dem Vortrag Simones schweigt man betreten. Bouglé schaut auf die Uhr und sagt: „Es ist zwölf Uhr, gehen wir essen." Dieser Ausspruch macht Furore, denn man bedient sich seiner immer, wenn man um eine Antwort verlegen ist. Eine weitere Anekdote erzählt, daß Simone Bouglé um eine Geldspende für Arbeitslose bittet. Er gibt ihr zwanzig Francs und teilt ihr mit, daß seine Spende anonym bleiben müsse. Simone bringt daraufhin im Forum ein Schild mit folgender Aufschrift an: „Folgt dem Beispiel eures Direktors. Spendet anonym für die Arbeitslosenkasse."

Sie besucht weiterhin die Kurse Alains am Lycée Henry IV und fährt fort, Topoi für ihn zu schreiben, wie z.B. *D'une antinomie du droit* (OC I, 255–261) oder *Des différents sens du mot ordre* (OC I, 237–243), in denen sie versucht, Politik und eine mathematisch orientierte Philosophie zu vereinbaren. Dies erreicht sie mittels des Begriffs der „Arbeit" in den Artikeln *De la perception, ou l'aventure de Protée* (OC I, 121–141) und *Du temps* (OC I, 141–161), die sie 1929 in der Zeitschrift „Libres Propos" veröffentlicht. Im ersten Artikel stellt sie heraus, daß die Arbeit eine indirekte Handlung sei, die weder mit den ursprünglichen Wünschen noch mit dem angestrebten Ziel zu tun habe, sondern sich über einen Umweg, über ein Mittel vollziehe. Im zweiten Artikel beschreibt sie im Gefolge Kants, daß die Arbeit die Anschauungsformen von Zeit und Raum erst bewußt machen könne. Die Vorstellung einer Arbeit schaffe einen Raum und verlängere den zukünftigen Zeithorizont, da eine Kette von Handlungen zwischen den Verursachern und dem begehrten Objekt oder Resultat liege.

Im Schuljahr 1929/30 schreibt Simone ihre Examensarbeit mit dem Titel *Science et perception dans Descartes* (Wissenschaft und Wahrnehmung bei Descartes; OC I, 161–225) bei Brunschvicg. Ihre Eingangsfrage ist, ob die Wissenschaft wirklich den Menschen die Freiheit und die Gleichheit bringe oder ob sie diese nur aufs neue unterdrücke. Sie kritisiert, daß die Wissenschaftler das alltägliche Denken wegen seines Anteils an Phantasie und Intuition zurückgewiesen hätten. Nach Ansicht Simone Weils könne jeder Mensch, nicht nur der Intellektuelle, die Wahrheit finden, wenn er nur an sich glauben wolle. Sie ändert also das Cartesische „Cogito ergo sum“, für Simone Weil ergibt sich: „Ich kann, also bin ich.“ Das Ich sei Macht. Zunächst existiere nur das Ich mit seinem Willen, der sage: „Ich bin Gott.“ Sobald das Ich aber ein Objekt zu denken beginne, nehme es die Grenzen seiner Macht wahr, es existiere also etwas anderes außer ihm. Gott existiere, er sei es, der ihm die Gedanken eingebe. Gott ist jedoch bei Simone Weil noch als der allmächtige definiert, nicht als der gute, wie es später der Fall sein wird. Zu diesem Zeitpunkt unterliegt sie noch sehr dem Einfluß der Willensphilosophie Alains und schätzt die Freiheit und das Handeln höher ein als die Güte. Die Welt hingegen begreift sie als Hindernis für die individuelle Freiheit: Sie habe aggressiven Charakter, da sie den einzelnen durch seine Leidenschaften zu beherrschen suche. Die Leidenschaft bringe die Phantasie hervor, die nur durch eine gewisse Ordnung gezügelt werden könne. Diese Ordnung werde durch die Mathematik, d.h. durch die Geometrie ermöglicht, die Handlung entsprechend der Geometrie aber sei die Arbeit. Die Arbeit trage dazu bei, die Welt als äußeres Hindernis und als inneren Feind zu überwinden. Damit wäre auch die Eingangsfrage nach dem Nutzen der Wissenschaft für die Menschheit beantwortet: Die Arbeit stelle die Gleichheit unter den Menschen her, und dem Arbeiter komme eine ganz besondere Bedeutung für die Weltgestaltung zu.

Brunschvicg gefällt diese Arbeit nicht, weil sie systematisch und nicht historisch orientiert ist. Simone hat die Interpretationsmethode Alains angewandt, nämlich die geäußerten Ideen neu zu denken und weiterzuentwickeln. Brunschvicg gibt ihr nur zehn von zwanzig möglichen Punkten.

Im Jahre 1930 treten die Kopfschmerzen zum ersten Mal auf, die Simone Weil fortan begleiten werden. Der Einfluß dieses Kopfwehs auf ihre geistige Entwicklung und ihr Lebensgefühl ist nicht zu unterschätzen; von nun an wird ihr Leben immer von einem Unglück überschattet sein. Der Ursprung dieser Schmerzen bleibt ungewiß: War es das exzessive Arbeiten, das in diesem Jahr mit der Vorbereitung der Agrégation[5] begann, oder eine chronische Stirnhöhlenentzündung, Folge einer Erkältung und Nasenschleimhautentzündung, die sie sich bei einem Rugbyspiel zugezogen hatte? Eventuell handelt es sich auch um eine vom Vater geerbte Anlage zur Migräne. Man kann davon ausgehen, daß Krankheiten oft einen psychischen Ursprung haben. Der fortwährende Kampf Simone Weils gegen ihren Körper, der nicht nur in großer Arbeitsbelastung, in zahlreichen sozialen und politischen Aktivitäten, sondern auch im Schlaf- und Essensverzicht zum Ausdruck kommt, dürfte in starkem Maße zu ihrem Kopfschmerz beigetragen haben.

Im Juli 1931 besteht Simone Weil die Agrégation und bekommt eine Stelle in Südfrankreich, in Le Puy. Gewünscht hätte sie sich eine Stelle in Le Havre oder in einer Industriestadt Mittelfrankreichs, um in der Nähe von Arbeitern leben zu können. Sie plant außerdem schon seit längerer Zeit, ein Jahr als Arbeiterin in einer Fabrik zu arbeiten. Dieses Projekt schiebt sie jedoch wegen der Wirtschaftskrise jener Zeit auf.

Abb. 4: Ansicht der Ecole Normale Supérieure

3. Lehrtätigkeit und Fabrikarbeit (1931–1937)

3.1. Le Puy (1931–1932)

Die Jahre der Lehrtätigkeit sind für Simone Weil auch die der Gewerkschaftsarbeit. Sie nimmt Kontakt mit den revolutionären Gewerkschaftern der Gruppen „La Révolution prolétarienne“ und „Le Cri du peuple“ auf. Diese geben ihr die Namen von Gewerkschaftern in Le Puy und Umgebung an. Dies sind Claudius Vidal, Sekretär der Vereinigten Gewerkschaft der Grundschullehrer im Departement Haute-Loire, und Urbain Thévenon, Mitglied des Verwaltungsrats der Arbeitsbörse und stellvertretender Sekretär der Vereinigten Union des Departements Loire. Simone setzt ihre Hoffnungen in die Gewerkschaften und nicht in die Parteien und glaubt noch an die Möglichkeit einer Revolution, vorausgesetzt, daß diese gut vorbereitet und professionell durchgeführt wird.

Am 30. September kommen Simone Weil und ihre Mutter in Le Puy an, um ein Zimmer zu suchen und sich in der Schule vorzustellen. Sie finden auch eine kleine Wohnung, aber bald zieht Simone auf Betreiben ihrer Mutter mit Simone Anthériou zusammen, gleichfalls eine ehemalige Schülerin Alains. Die Mutter findet auch eine Zugehfrau, die von Simone nach dem Tarif eines qualifizierten Arbeiters bezahlt wird: Sie bekommt also dreimal so viel Lohn wie eine andere Zugehfrau, obwohl Simone selbst beschlossen hat, vom Gehalt eines Grundschullehrers zu leben. Den Rest des Geldes spendet sie der Arbeitslosenkasse, den Hilfsorganisationen, Zeitschriften und Gewerkschaften. Sie verzichtet auch auf das Heizen ihrer Wohnung, in der irrtümlichen Annahme, die Arbeiter hätten auch nicht das Geld, um zu heizen. Madame Weil achtet insgeheim darauf, daß Simone genug zu essen bekommt. Sie bittet Simone

Anthériou, gute Lebensmittel zu kaufen, denn Simone empfindet Ekel vor schadhaften Früchten und vor Fleisch geringer Qualität. Wenn sie Kopfschmerzen hat, kann sie manchmal tagelang nicht essen. Madame Weil schickt des öfteren ein Paket mit Lebensmitteln, und wenn sie in Le Puy ist, kauft sie Kleidungsstücke und Strümpfe für Simone, die sich nicht um ihre Garderobe kümmert.

In der Gewerkschaftsbewegung geht es zu jener Zeit um die Vereinigung der drei großen Gruppierungen C.G.T. („Confédération générale du Travail"), C.G.T.U. („Confédération générale du Travail unitaire") und F.A. („Fédération autonome des fonctionnaires"). Diese Zersplitterung der Kräfte schwächt die Arbeiterbewegung. Auch Simone, obwohl sie der revolutionären Gewerkschaftsbewegung, also der C.G.T.U. zuneigt, ist für die Vereinigung der Gewerkschaften und versucht in Le Puy eine Gruppe mit Mitgliedern aller Gewerkschaften zu gründen. Auch wenn sich in Paris vor allem die C.G.T.U. gegen eine Vereinigung ausspricht, ist die Versammlung der von Simone ins Leben gerufenen Gruppe ein Erfolg. Man einigt sich auf Regeln, die die Vereinigung fördern könnten.

Im Dezember 1931 beginnt sie, zusammen mit Urbain Thévenon, Volkshochschulkurse für Arbeiter abzuhalten. In einem Artikel für die Zeitschrift „L'Effort" stellt sie ihre Ideen dar. Sie beklagt die Teilung der Menschen in die Klasse, die mit Dingen umgehen könne, und die Klasse, die die Sprache und damit die Menschen beherrsche: gemäß Alain die Klasse der Priester und der Intellektuellen. Die wahre Revolution bestehe darin – hier bezieht sie sich auf Marx –, die Spaltung zwischen intellektueller und manueller Arbeit abzuschaffen, indem man den Arbeiter teilhaben lasse an den Kenntnissen der Intellektuellen: Man solle ihn den Umgang mit der Sprache, besonders mit der geschriebenen Sprache lehren. Sie glaubt an die Bildungsfähigkeit jedes Individuums, auch des scheinbar unbegabtesten. Simone hält also einen Französischkurs und mit Thévenon zusammen einen Wirtschaftskurs ab. Von nun an wird Simone jeden Samstag Nachmittag und jeden Sonntag in Saint-Etienne (drei Fahrtstunden von Le Puy entfernt) sein. Den Arbeitslosen in Le Puy geht es nicht gut. Sie erhalten keinerlei Arbeitslosengeld, und wenn sie sich etwas Geld verdienen wollen, können sie auf dem Platz vor dem Lyzeum Steine hauen. Da sie keine entsprechende Erfahrung besitzen, aber nach dem Kubikmeter bezahlt werden, verdienen sie nur sechs Francs am Tag. Am 17. Dezember 1931 begleitet Simone Weil eine Gruppe Arbeitsloser zum Bürgermeister. Es geht darum, ihm eine Liste mit Forderungen zu überreichen, für die sich der Bürgermeister allerdings wenig zu interessieren scheint. Daher entschließen sie sich, am Abend an der Sitzung des Stadtrats teilzunehmen und dort diese Liste zu überreichen.

Das Echo in der Presse ist überwältigend. Die Zeitung „Memorial" spricht von einer „Suffragette", die die Arbeiter begleitete, und von den „seidenen Strümpfen" Simones, die sie natürlich niemals getragen hat. An einem der nächsten Tage wird Simone zum Inspektor der Akademie gebeten, um Stellung zu einem Polizeibericht zu nehmen: Man regt sich darüber auf, daß sie mit Männern in ein Café gegangen war. Eine Frau, die das zu jener Zeit tat, verlor unweigerlich ihren Ruf. Weiter monierte man, daß sie den Steinhauern die Hand schüttelte, wenn sie die Schule verließ. Simone schreibt daraufhin einen Artikel, *Une survivance du régime des castes,* der in der Gewerkschafts-Zeitung der Grundschullehrer erscheint:

„Die universitäre Verwaltung ist der menschlichen Kultur gegenüber einige tausend Jahre im Rückstand. Sie ist immer noch beim Kastensystem. Es gibt für sie die Unberührbaren, wie in der zurückgebliebenen Bevölkerung Indiens. Es gibt Menschen, die ein Gymnasiallehrer zur Not insgeheim in einem geschlossenen Raum treffen kann, aber auf keinen

Fall dürfen die Eltern von Schülern einen Lehrer die Hand auf dem Platz Michelet schütteln sehen" (OC II, 1, 88.)
Am 23. Dezember wird Simone ins Rektorat gebeten. Der Rektor teilt ihr mit, daß man ihre Versetzung verlange. Gleichzeitig bestätigt er ihr, daß sie vom fachlichen Gesichtspunkt her unangreifbar sei.
Als ihre Schülerinnen erfahren, daß die Strafversetzung ihrer geliebten Philosophielehrerin droht, bewegen sie ihre Eltern dazu, eine Petition zugunsten Simones beim Bildungsministerium einzureichen.
Simone hat sich immer sehr für ihre Schülerinnen eingesetzt, sie hat freiwillig einen unbezahlten Kurs über die Geschichte der Mathematik abgehalten und unbezahlte Nachhilfe in Latein gegeben. Auf Ausflügen trägt sie natürlich die Tasche mit dem Proviant für die ganze Gruppe. So ist sie bei ihren Schülerinnen in Le Puy außerordentlich beliebt und wird „la Simone" genannt.
Am 12. Januar kommt Simone in Verdacht, aufs neue „agitiert", d.h. eine Arbeiterdemonstration begleitet zu haben. Sie hat sie jedoch nur von weitem beobachtet. Die Folge ist, daß sie am 14. Januar vom Rektorat vorgeladen wird. Dort bittet man sie, einen Versetzungsantrag für eine Industriestadt zu unterschreiben, anderenfalls drohe die Versetzung in irgendeine andere Stadt. Simone weigert sich, da sie das Schuljahr in Le Puy beenden möchte. Der Rektor droht eine Entlassung an. Wahrscheinlich ist er es, dem Simone antwortet: „Ich habe die Entlassung immer als die Krönung meiner Karriere betrachtet."
Sowohl die Kameraden der Gewerkschaft als auch die Kollegen des Lyzeums und des Jungengymnasiums unterstützen Simone mit Artikeln und veröffentlichen Unterschriften. Der Charivari, eine Pariser Wochenzeitung, beschuldigt Simone jedoch, eine Abgesandte Moskaus zu sein. Der Mémorial schreibt am 3. Februar, einen Tag nach einer erneuten Demonstration: „Fräulein Weill (sic), die rote

Jungfrau aus dem Stamme Levi, die Botschafterin des Evangeliums von Moskau, hat den Unglücklichen ihre Doktrin aufgeschwatzt und sie irregeleitet" (CAB, 64). Den Beinamen „Rote Jungfrau" hat Simone übrigens von Bouglé bekommen und während ihrer Lehrtätigkeit behalten. Frau Anthériou, die Mutter von Simone Anthériou, hört im Zug eine Dame sagen: „Es sieht so aus, als wenn der Antichrist in Le Puy wäre. Es ist eine Frau. Sie ist wie ein Mann angezogen."

Mitte Februar beruhigt sich die Affäre um Simone Weil, nachdem man den Arbeitern ein höheres Entgelt zugestanden hatte. Simone wird auch nicht strafversetzt, vermutlich weil die Behörde erneuten Aufruhr fürchtet. Über ihre Beziehung zum Kommunismus schreibt Simone Weil später, wahrscheinlich zu Beginn des Zweiten Weltkrieges: „Ich habe immer eine gesellschaftliche Veränderung zugunsten der Benachteiligten gewünscht, aber ich hatte niemals eine Neigung für die Kommunistische Partei, selbst während der Jugendzeit nicht. Mit achtzehn Jahren zog mich allein die Gewerkschaftsbewegung an. Seither habe ich nicht aufgehört, mich immer mehr von den Kommunisten zu entfernen, bis daß ich sie als Hauptfeinde zu einer Zeit ansah, als sie immer noch vielen Politikern, die heute große Verantwortung tragen, Illusionen vermittelten" (SP I, 250).

Da die Zeit der Prüfungen kommt, kümmert sich Simone Weil von nun an mehr um ihre schulische Arbeit, ohne jedoch auf ihr gewerkschaftliches Engagement zu verzichten. In ihren Kursen lehrt sie die Philosophie Alains, jedoch auf eigene Weise. Sie fügt ihre Erkenntnisse über den Arbeitsbegriff hinzu: Die Arbeit spiele eine bedeutende Rolle für die Wahrnehmung und die Vorstellung, denn sie diene dazu, den Kontakt mit der Realität herzustellen. Sie allein lasse uns die harte „Notwendigkeit", das unerbittliche Gesetz des Daseins empfinden. Auch der Aufmerksamkeit, einem Begriff, der in ihrer späteren Mystik eine große Rolle spielen wird, spricht sie einen großen Wert zu. In bezug auf die Gottesfrage ist sie nach wie vor agnostisch eingestellt, hält sie aber für bedeutsam. „Gott ist, in einem Sinne, die einzige Weise, Gott verschwinden zu lassen.“ Dieses paradoxe Wort kündigt nicht nur ihren späteren antithetischen Stil an, sondern auch den Begriff des „läuternden Atheismus“. Denn die Unverfügbarkeit Gottes stellt jegliche Rede von Gott und jedes Gottesbild in Frage. Die Religion betrachtet sie „als eine Art von Frömmigkeit der Natur gegenüber, die uns nicht davon abhält, wir selbst zu sein“, und als Ursprung des menschlichen Denkens.

Zu dieser Zeit wird Simone Weil in den Vorstand der Gewerkschaft der Grundschullehrer gewählt. Sie erhält auch die Erlaubnis, ein Bergwerk zu besichtigen, was Frauen damals verboten war, und darf sogar einen Hammer und einen Preßluftbohrer halten. Es war ihre erste Selbsterfahrung im Hinblick auf die Lage des Arbeiters, die sie in einem Artikel für „L'Effort“ beschreibt:

„Zur Zeit spielt sich das Drama nicht mehr zwischen der Kohle und dem Menschen ab, sondern zwischen der Kohle und der Preßluft. Es ist die Preßluft, die im ihr eigenen beschleunigten Rhythmus den Hammer gegen die Kohlewand drückt, anhält und wieder drückt. Der Mensch, der gezwungenermaßen in diesen Kampf riesiger Gewalten eingreifen muß, wird erdrückt. Er ist an den Hammer und den Preßluftbohrer gebunden, sein Körper wird durchgeschüttelt von den Vibrationen der Preßluft genauso wie die Maschine, und er begrenzt sich darauf, die Maschine zu jeder Zeit in der gewollten Position, nämlich gegen die Kohlewand zu halten. (...) Diese Maschine, die nicht der menschlichen Natur angepaßt ist und deren Bewegungen einen völlig anderen Rhythmus als die des Lebens haben, zwingt mit Gewalt einen menschlichen Körper, ihr zu Diensten zu sein.“

Und Simone Weil schließt: „Es wird dem Bergarbeiter nicht

genügen, die Gesellschaften zu enteignen, um Herr des Bergwerks zu werden. Die politische Revolution, die wirtschaftliche Revolution, wird nur Wirklichkeit, wenn sie durch eine technische Revolution ergänzt wird, die betriebsintern die Herrschaft des Arbeiters über seine Arbeitsbedingungen wieder einsetzen wird" (OC II, 1, 96f). Hier geht es zum einen um das moderne Problem der Humanisierung des Arbeitsplatzes, zum andern aber auch um den Begriff der Revolution, der von Simone Weil um den Aspekt der technischen Revolution erweitert wird.

Von ihren Schülerinnen werden nur drei zum Abitur zugelassen, und nur zwei bestehen es. Die Zeit in Le Puy ist für sie zu Ende, sie wird nach Auxerre versetzt. Zuvor aber reist sie nach Deutschland, um sich einen Eindruck von den dort stärker werdenden nationalsozialistischen Tendenzen zu verschaffen.

3.2. Auxerre (1932–1934)

Von Juli bis September 1932 hält Simone Weil sich in Deutschland auf. Zu dieser Zeit ist die NSDAP mit 230 Sitzen gerade die stärkste Partei im Reichstag. Es ist eine recht ruhige Zeit, die Zeit der Erwartung des Machtkampfes zwischen den linken und den rechten Parteien, wenngleich die nationalsozialistischen Zeitungen offen zum Massaker an Kommunisten aufrufen.

Sie fährt zunächst nach Berlin, wo sie in der Familie eines Kommunisten untergebracht ist. Für die Zeitschriften „La Révolution prolétarienne" und „Libres Propos" schreibt sie nach ihrer Rückkehr mehrere Artikel, in denen sie die Situation in Deutschland beschreibt, *L'Allemagne en attente* sowie *Les événements d'Allemagne*; *La grève des transports de Berlin*; *Les élections*. Der Artikel *La Situation en Allemagne* erscheint in mehreren Teilen in der Gewerkschaftszeitung

„L'Ecole émancipée" (OC II, 1, 118–196; UF, 55–109). Die Autorin konzentriert sich auf die Krise, welche die Menschen zu dieser Zeit fundamental beherrscht. Dennoch sieht sie den deutschen Arbeiter zu keiner Zeit entmutigt und bringt deshalb der deutschen Arbeiterklasse die größte Bewunderung entgegen. Anders jedoch ihre Einschätzung der linken Parteien: Sie kritisiert sowohl die Schwäche der KPD als auch der SPD und ihre mangelnde Bereitschaft, sich gemeinsam gegen Hitler zu verbünden. Trotz dem Wahlverlust der Nationalsozialisten im November 1932 hütet sie sich, allzu optimistisch zu sein. Sie ist der Meinung, daß diese Partei stark bleiben wird.
In Berlin trifft Simone Weil Léon Sédov, den Sohn Leo Trotzkis. Er bittet sie, einen Koffer mit Dokumenten nach Paris mitzunehmen. Unter diesen Papieren findet sich eine Liste mit den Namen und Adressen von Trotzkisten in den großen Städten Deutschlands. Da die Eltern Simones ihr zunächst nach Hamburg, dann nach Berlin gefolgt sind, um sie zu schützen, kann sie den Koffer auf der Rückreise ihrer Mutter anvertrauen, die viel unverdächtiger erscheint als sie selbst.
Madame Weil begleitet Simone nach Auxerre und hilft ihr, eine Wohnung zu finden und sie zu möblieren. Als sie abgefahren ist, entfernt Simone wieder alle Möbel, die ihr überflüssig erscheinen. Sie ißt auch sehr wenig. Manchmal geht sie in ein kleines Restaurant, aber auch dort bestellt sie nur die billigsten Speisen, damit sie nicht zuviel Geld für sich selbst ausgibt. Madame Weil hatte dem Wirt heimlich Geld zugesteckt, damit er ihrer Tochter gutes Essen vorsetzt. Aber dieses Unternehmen bleibt ohne Erfolg, vermutlich weil der Wirt Simone nicht von der Notwendigkeit überzeugen kann, sich besser zu ernähren.
Die Beziehung Simones zur Schuldirektorin ist noch schlechter als in Le Puy. Wenn die Direktorin mit Simone spricht, dreht diese ihr den Rücken zu; wenn sie die Klasse

betritt, erheben sich die Schüler, aber Simone bleibt sitzen und wendet ihr Gesicht ab. Auch das Verhältnis Simones zu ihren Kollegen ist schlecht, man geht sich aus dem Weg. Auch hat Simone nicht so einen guten Kontakt zu ihren Schülerinnen wie in Le Puy. Sie sind zu bürgerlich.
In ihren Kursen in Auxerre findet man das Denken und die Methode Alains wieder. Sie behandelt Descartes, Spinoza und Kant und zitiert oft Mark Aurels Worte über die Liebe zum Universum. Wie Alain findet sie, daß sich die wahre Philosophie auch in den Werken großer Dichter finde, bei Balzac, Tolstoi und Valéry. In bezug auf die Religion ist sie der Meinung, daß diese die Menschen vom Aberglauben befreie, und sie bewundert die religiösen Riten wegen ihres Einflusses auf die Menschen. Sie schätzt die griechische Religion, da es dort nur Mythen, keine Dogmen gibt. Wie Alain denkt sie, daß die Mythen Wahrheit enthielten und doch das Denken nicht wie Dogmen festlegen würden. Das Christentum hingegen sei eine Synthese des griechischen und des biblischen Geistes. Simone Weils Gottesbild ist jedoch das der Philosophie: Es ist der Gott der Vernunft, nicht der Gott, der in die Geschichte eingreift und die Beziehung zum Menschen sucht.
Wie in Le Puy hält Simone in Auxerre freiwillig zusätzliche Kurse über die Geschichte der Mathematik ab und ermuntert die Zuhörenden, kleine Aufsätze zu schreiben.
Vermutlich im November oder Dezember 1932 lernt sie Boris Souvarine kennen, den Autor eines Buches über Stalin und Herausgeber der Zeitschrift „Critique Sociale“, für die er noch Mitarbeiter sucht. Nachdem er einen ihrer Artikel über Deutschland gelesen hat, ist er vom Stil beeindruckt. Souvarine wird einer der besten Freunde Simone Weils. Sie schätzt sein Organisationstalent und seine moralischen Qualitäten.
Einen großen Teil ihrer Zeit in Auxerre widmet Simone Weil der Arbeit in der „Fédération unitaire de l'Enseignement“,

in der Gewerkschaft für Erziehung. Damit hat sie sich für den kommunistischen Flügel der Gewerkschaftsbewegung entschieden, wenngleich ihr die Entscheidung nicht leicht fällt. Der kommunistische Flügel, die C.G.T.U., ist ihr zu abhängig von der kommunistischen Partei, und die C.G.T. zu wenig radikal.
Die Artikel Simones über Deutschland finden manche Kommunisten in der „Fédération de l'Enseignement" zu kritisch gegenüber der KPD. So gibt es in der Gewerkschaftszeitung „L'Ecole émancipée" eine rege Auseinandersetzung zwischen Kommunisten und Simone Weil.[6] Es geht um Deutschland. Hitler besaß seit dem Ermächtigungsgesetz vom 23. März 1933 die absolute Macht. Es waren aber auch gerade die Ereignisse in Deutschland, die, Simone Weil zufolge, nicht nur die Schwäche der kommunistischen Bewegung zeigten, sondern auch gravierende Mängel in der kommunistischen Doktrin. In den Artikeln *Réflexions concernant la technocratie*, *Le national-socialisme*, *L'U.R.S.S. et quelques autres points* sowie *Perspectives. Allons-nous vers la révolution prolétarienne?* (OC II, 1, 213–217; 260–282; UF, 138–42; 13–137) kennzeichnet sie den Marxismus als veraltet, da er das neue Problem der Macht der Bürokratie nicht lösen könne. Im letztgenannten Artikel geht es um das Scheitern des Kommunismus in Rußland, der nicht die Befreiung der Arbeiterklasse mit sich gebracht, sondern eine neue Gesellschaftsform begründet habe. Der russische Staat sei nicht, wie Trotzki glaubte, eine bürokratische Deformierung der Diktatur des Proletariats, sondern eine neue Staatsform, fast wie der Faschismus. Es handle sich nicht um die Revolution der Arbeiterklasse, sondern um eine Revolution der Funktionäre. Daher habe der russische Staat durch die von der Organisation ausgeübte Unterdrückung oppressiven Charakter.
Dieser Artikel zeichnet sich durch einen in Zukunft noch fortschreitenden Pessimismus Simone Weils aus, der bei

manchen Leuten Anstoß erregt. Wofür eigentlich noch kämpfen, wenn die reelle Chance einer wirklichen Revolution der Arbeiterklasse doch so minimal ist? Für Simone Weil jedoch besteht wirklicher Mut darin, zu kämpfen, obwohl sich die Unrealisierbarkeit der Hoffnung doch schon fast erwiesen hat. Andere Gewerkschafter bewundern den Artikel Simone Weils, z.B. Pierre Monatte, Marcel Martinet und Urbain Thévenon. Boris Souvarine sagt über seine Autorin: „Sie ist der einzige Geist, den die Arbeiterbewegung seit Jahren hat."

Die Zeit in Auxerre ist auch dem Einsatz für bestimmte Einzelpersonen gewidmet. Simone Weil bzw. ihre Eltern nehmen verfolgte deutsche Sozialdemokraten in ihrer Pariser Wohnung auf, mit denen sie allerdings nicht immer die besten Erfahrungen machen, besorgen ihnen Anwälte oder geben ihnen Geld für die Weiterreise nach Skandinavien. Simone setzt sich auch für gemaßregelte kommunistische, ja stalinistische Lehrer ein, wenngleich sie keineswegs Stalinistin ist. Aber die Meinungsfreiheit ist ihr wichtiger als die Behauptung unterschiedlicher politischer Standpunkte.

Am Ende des Schuljahres kommt Inspektor Parodi, Fachmann für Philosophie, in ihren Unterricht. Er schreibt, daß der Vortrag Simones (zu dieser Zeit – ebenso wie z.T. heute noch – wurde der Unterricht in Frankreich vor allem im Vorlesungsstil abgehalten) „zwar sehr reich an Details" sei, es ihm aber an „Entschlossenheit und Klarheit" mangele. „Die Lehrerin hat im übrigen den Fehler, zu sprechen, ohne ihre Schüler anzuschauen, das Gesicht über ihre Papiere gebeugt, und nicht deutlich zu artikulieren. Aber der Unterricht scheint mir dennoch inhaltlich genug gefüllt zu sein, und man merkt das Bemühen um Information und persönliche Reflexion, selbst wenn dieses Bemühen nicht zu einer sehr klaren und solide durchgeführten Unterrichtsstunde führt" (SP I, 342).

Die Ergebnisse des Abiturs scheinen dieses Urteil zu bestä-

tigen: Drei oder vier von zwölf Schülerinnen Simones bestehen die Prüfungen.
Der Direktorin gelingt es, sich durch eine außerordentliche Maßnahme Simones zu entledigen. Sie streicht den Philosophiekurs, und die Schülerinnen werden künftig gezwungen sein, das Fach Philosophie am Jungengymnasium zu belegen. Simone Weil muß sich also um eine neue Stelle bewerben, die sie in Roanne antreten wird.

3.3. Roanne (1933–1934)

Vom 5. bis zum 7. August 1933 findet in Reims der Kongreß der „Fédération unitaire de l'Enseignement" statt. Bei dieser Zusammenkunft stoßen die verschiedenen Tendenzen der Gewerkschaftsbewegung aufeinander, die reformistische Mehrheit und die kommunistische Minderheit (Minorité oppositionelle révolutionnaire = M.O.R.). Zu später Stunde tritt eine kommunistische Abgeordnete des deutschen Reichstags auf, Maria Reese, die jede Kritik an der Dritten Internationale energisch zurückweist. Daraufhin besteigt Simone die Tribüne und bringt mit Hilfe eines Zitats aus der „Neuen Weltbühne" das Problem zur Sprache, daß Rußland keine deutschen vor dem Nationalsozialismus fliehenden Kommunisten mehr aufnimmt. Die Schließung der Grenzen wird von der Zeitschrift „Gegenangriff" (Organ der kommunistischen Emigrierten) damit begründet, daß „die Fragen der Strategie sich nicht durch humanitäre Sentimentalität lösen lassen". Es kommt fast zu tätlichen Angriffen auf Simone, so daß der Präsident des Kongresses ihn um halb fünf Uhr morgens schließen muß. Maria Reese hingegen wird einige Zeit später von der kommunistischen Partei ausgeschlossen.
Nach diesem Kongreß kehrt Simone nach Paris zurück und fährt nach Spanien, um dort mit ihren Eltern und Aimé

Patri, einem Freund aus der Gewerkschaftsbewegung, Urlaub zu machen. Sie reisen nach Barcelona, Villanueva und Valencia. Sie besuchen sogar eine Corrida, für die Simone sich erstaunlicherweise begeistert, vermutlich weil dieser Stierkampf nicht besonders brutal ist, und weil sie fähig sein will, solche Kämpfe anzusehen. Sie ist außerdem davon angetan, daß der Mensch das Tier beherrscht. Auch geht sie mit Patri in eine Nachtbar, wo Travestiten auftreten.
Am Strand in Villanueva findet Simone ganz zu ihrer Lebensfreude zurück. Jedoch vergißt sie nicht die Unterdrückten und sagt zu Patri: „Es kann sein, daß wir eines Tages gefoltert werden, wir müssen uns darauf vorbereiten. Wollen Sie mir Nadeln unter die Fingernägel treiben?"
Nach Paris zurückgekehrt, schreibt Simone zwei Rezensionen für die Zeitschrift Souvarines, „Critique Sociale": *E.O.Volkmann: La Révolution allemande* und *E. Günther Gründel: La mission de la jeune génération* (OC II, 1, 282–284; 284–286). In derselben Nummer von September 1933 erscheint ein Artikel von Julius Dickmann, La véritable limite de la production capitaliste, den Simone sehr schätzt und der ihre Thesen, die sie etwas später in ihrem Essay *Réflexions sur les causes de la liberté et de l'oppression sociale* entwickeln wird, unterstützt. Dickmann zeigt die Grenzen des technischen Fortschritts auf.
Vom 23. bis 29. September nimmt Simone am nationalen Kongreß der C.G.T.U. in Paris teil. Sie verfaßt für den „L'Effort" den Bericht *Le congrès de la C.G.T.U.* (OC II, 1, 286–288). Sie schreibt: „Dieser Kongreß war so langweilig wie ein Kongreß der kommunistischen Partei. Leere Reden, Internationale, Rote Front. Die Opposition hat außer durch die Beleidigungen, die sie ertragen mußte, kaum am Kongreß teilnehmen können."
Der wahre Charakter des Kongresses wurde klar ersichtlich, als man auf brutale Weise den Genossen Charbit und Simone Weil daran hinderte, nach einer Sitzung auf der Straße

Appelle zugunsten der deutschen Genossen und Opfer des faschistischen Terrors, die keiner der beiden Internationalen angehören, zu verteilen. Solche Tatsachen wären in einer wahren gewerkschaftlichen Organisation unmöglich. „Aber die C.G.T.U. (...) ist ein bloßes Anhängsel des russischen Staatsapparates."
Um die Stelle in Roanne hat Simone selbst gebeten, damit sie in die Nähe ihrer Gewerkschaftsfreunde in Saint-Etienne kommt. Wie immer wird sie begleitet von Madame Weil, ihrer Mutter, die ihr helfen will, sich einzurichten.
Am 22. Oktober 1933 kommt der Staatspräsident, Albert Lebrun, anläßlich der Einweihung eines Ehrenmals nach Saint-Etienne. Er gilt als vom Komitee der Schmiede beeinflußt. Es gibt Straßenkämpfe zwischen der Polizei und kommunistischen Gewerkschaftern, und die Arbeitsbörse bleibt geschlossen. Trotzdem hält deren Sekretär eine kurze Ansprache vom ersten Stockwerk der Börse aus. Alsbald wird Simone auf einen Fenstervorsprung der Börse gehoben und hält einen kleinen Vortrag, in dem sie dem „L'Effort" zufolge gesagt haben soll, daß sie gegen „die Provokation protestiert, die für das Proletariat von Saint-Etienne im Besuch des Dieners der Waffenhändler besteht, des Mannes, der die Elite der intellektuellen und arbeitsamen Jugend Indochinas untergehen läßt" (SP I, 364).
Im November erscheint ein weiterer Artikel von ihr in „La Critique sociale" mit dem Titel *Réflexions sur la guerre* (OC II, 1, 288–300). Sie zeigt darin, daß Krieg und Revolution sich ausschließen. Eine Revolution würde im Krieg von der Konterrevolution niedergeschlagen werden, oder sie verwandele sich in die Konterrevolution. In der gleichen Nummer von „La Critique sociale" erscheinen zwei Rezensionen von Simone, eine Besprechung der „Lettres de la prison" von Rosa Luxemburg und eine des Werkes „Matérialisme et empiriocriticisme" von Lenin (UF, 143–50). In der ersten Rezension bringt Simone ihre große Bewunderung für Rosa

zum Ausdruck. Sie spricht weniger von ihren sozialen und politischen Ideen, sondern von ihrer Persönlichkeit. Simone schätzt Rosas Liebe zur Welt: Ihre Briefe zeugten von einer Liebe zum Leben und nicht zum Tod, von einem Streben nach der effektiven Tat und nicht nach dem Opfer.

In der zweiten Besprechung kritisiert sie die Philosophie und die Methode Lenins: Die Wahrheit sei Lenin schon durch seine Partei vorgegeben. Die Philosophie Lenins kennzeichnet Simone Weil als plumpen Materialismus. Marx hingegen sei im Gegensatz zu Engels und Lenin kein wirklicher Materialist gewesen. Diese Veröffentlichung zeigt, daß Simone, trotz ihrer Neigung zum Marxismus, zu dem sie allerdings immer auch eine kritische Distanz gewahrt hat, keineswegs in philosophischer Hinsicht einen materialistischen Standpunkt bezieht. Schon 1932 hatte sie Stalin, den Nachfolger Lenins, kritisiert. Ihrer Meinung nach hat er den Standpunkt Marx' verlassen und den Arbeiter nicht mehr als den Arbeitsbedingungen übergeordnet gesehen. Stalin habe gezeigt, daß er sich „vom kapitalistischen System in seiner perfektesten Form hat verführen lassen" und daß sein Land „weit davon entfernt" sei, „die Basis einer Arbeiterkultur zu besitzen" (*U.R.S.S. et Amérique*, OC II, 1, 107). Da Rußland in keiner Weise auf das Proletariat anderer Länder Rücksicht nehme, habe dieses Land auch das Anrecht auf den Titel „sozialistische Heimat" verloren (*Quelques remarques sur la réponse de la M.O.R.*, OC II, 1, 211).

In den Weihnachtsferien begegnet Simone Trotzki, den sie seit langem schon kennenlernen wollte. Sie hatte ihm angeboten, ein Treffen mit seinen politischen Freunden in der Pariser Wohnung der Familie Weil durchzuführen, im leerstehenden Appartement der siebten Etage. Diese Zusammenkunft findet am 31. Dezember 1933 statt. Natürlich diskutiert Simone mit Trotzki darüber, ob Rußland wirklich ein Arbeiterstaat sei. Simone bestreitet dies.

Vermutlich zwischen dem 1. und 10. März 1934 bekommt Simone ein Geschwür am Hals. Ihr Vater besteht darauf, daß sie sich in Paris behandeln läßt. Ihre unverhofft freie Zeit nutzt sie, um einen Text von Machiavelli zu übersetzen und ihn unter dem Titel *Un soulèvement prolétarien à Florence au XIVe siècle* in „La Critique sociale" zu veröffentlichen. Der dort beschriebene Aufstand der Wollarbeiter ist Simone zufolge ein Vorläufer der Arbeiterproteste der Neuzeit.
Für die gleiche Nummer der „La Critique sociale" rezensiert sie ein Buch von Otto Rühle über Karl Marx. Sie kritisiert die „vulgärpsychologische" Methode des Autors, diesen großen Mann darzustellen. Rühle hatte versucht, in Anlehnung an die Psychologie Freuds, die Größe Marx' durch einen Minderwertigkeitskomplex zu erklären, der seine Ursachen zum einen in Verdauungsproblemen, zum andern in seiner jüdischen Herkunft habe. Die Folge beider Faktoren sei nach Rühle ein übergroßer Ehrgeiz gewesen, der das Genie des Philosophen erkläre. Simone Weil denunziert die Vorgehensweise dieses und anderer Biographen, nur die Schwächen eines großen Menschen zu beschreiben und sein Werk außer acht zu lassen, das eigentlich seine Größe ausmache. So gewinne der Leser den Eindruck, daß die Schwächen unabdingbar zum Genie dazugehörten, während die moralischen Tugenden nur den Mittelmäßigen zukämen. Jede menschliche Größe, so Simone Weil, ließe sich durch einen Minderwertigkeitskomplex erklären, denn ein Mensch sei nur in dem Maße groß, als er seine Grenzen übersteige.
Ein Brief von Ende März an ihre spätere Biographin Simone Pètrement gibt Aufschluß über ihre politische Entwicklung: „(...) Bei mir ist es das Gegenteil: Ich habe beschlossen, mich völlig von jeder Art Politik zurückzuziehen, bis auf die theoretische Forschung. Das schließt nicht völlig jegliche mögliche Teilnahme in einer Massenbewegung aus (in der Reihe, als Soldat), aber ich will keinerlei, auch nicht

indirekte Verantwortung, so gering sie auch sei, denn ich bin sicher, daß alles Blut, das man vergießen wird, umsonst vergossen sein wird, und daß man schon von vornherein geschlagen ist" (SP I, 401).

Dieser Rückzug ist nicht als Kapitulation zu sehen. Sicher hatte sie ihr Ziel einer umfassenden politischen, sozialen und technologischen Veränderung der Gesellschaft nicht erreicht, ja nicht einmal die Vereinigung der verschiedenen Gewerkschaftsflügel. Aber ihre Worte weisen darauf hin, daß sie ihre Ziele nicht aufgibt, sondern die dunkle Wolke des Faschismus am Himmel Frankreichs heraufziehen sieht. Der Blutzoll, den der politische Widerstand in diesem Fall zu zahlen hätte, wäre zu hoch. Ihre Ankündigung, doch noch an Massenbewegungen teilzunehmen, bewahrheitet sich: Am 1. Mai streikt sie und demonstriert mit den Arbeitern. Sie geht in der ersten Reihe des Demonstrationszuges unter den roten Fahnen und singt die Internationale.

Zu dieser Zeit plant sie, nach Rußland zu fahren, um sich vor Ort ein Bild vom russischen Staat zu machen. Aber es gelingt ihr nicht, sich die nötigen Papiere zu beschaffen. Sie glaubt nicht mehr an die befreiende Macht der Revolution; nicht nur wegen seines Glaubens an den Mythos „Revolution" kritisiert sie Marx, sondern auch wegen seiner Theorie der unendlichen Entwicklung der Produktivkräfte nach einer Revolution. Das Geldkapital, so meint sie, würde ja nach einer Revolution ganz in der Produktion aufgehen: Woher also das Kapital für Investitionen nehmen? Auch glaubt sie nicht an eine Entwicklung der Gesellschaft auf einen Reichtum hin, der die menschliche Arbeit beträchtlich reduzieren könnte.

Zwei Projekte bereitet sie nun vor: Zum einen einen Artikel für die letzte Ausgabe von „La Critique sociale", denn Souvarine ist mit seinem Blatt in finanziellen Schwierigkeiten. Dieser Artikel, *Réflexions sur les causes de la liberté et de l'oppression sociale*, wird den Umfang eines kleinen Buches

annehmen und die bedeutendste Schrift sein, die sie bisher geschrieben hat. Zum anderen reicht sie beim Bildungsministerium einen Antrag auf Sonderurlaub zwecks „persönlicher Studien“ ein. Sie will sich für ein Jahr in der Fabrik als Industriearbeiterin verdingen, um die Ursachen für die Unterdrückung der Arbeiterklasse und die Möglichkeiten, diese zu beenden, erforschen zu können. Sie möchte am eigenen Leib einmal erfahren, was es heißt, Arbeiterin zu sein, um nicht nur als reine Intellektuelle die Arbeiter zu betreuen. Sie will wirklich eine der ihren werden und verzichtet deshalb für ein Jahr auf ihre privilegierte Stellung als Philosophielehrerin. Der Sonderurlaub wird ihr auch bewilligt.
Das Jahr in Roanne geht ohne größere Schwierigkeiten zu Ende. Sowohl mit den Schülerinnen als auch mit den Kollegen und der Schulleitung versteht sich Simone. Auf die Darstellung ihrer Philosophie, die sie in ihren Kursen lehrt, soll an dieser Stelle verzichtet und auf die Mitschrift ihrer Schülerin Anne Reynaud verwiesen werden, die unter dem Titel *Leçons de philosophie de Simone Weil* 1959 erschien.
Ihrem Essay *Réflexions sur les causes de la liberté et de l'oppression sociale* mißt die Autorin selbst große Bedeutung zu, er ist ihr „Testament“, die Synthese ihres politischen und sozialen Denkens im Jahre 1934. Das Werk beginnt mit einer Beschreibung der aktuellen Lage, die gleichzeitig durch eine generelle Krise und durch ein Nachlassen der revolutionären Hoffnung gekennzeichnet ist. Dann wird angesichts des Scheiterns verschiedener Formen des Sozialismus die fundamentale Frage gestellt: Woher kommt die permanente Unterdrückung? Simone Weil setzt sich nun mit dem Werk von Marx auseinander, demzufolge die kapitalistische Unterdrückung mit Sicherheit verschwinden müsse. Sie kritisiert zunächst die Marxsche Mehrwerttheorie und zeigt, daß diese nicht nur für die freie Marktwirtschaft gelte, in welcher der Kapitalist gezwungen sei, einen Mehrwert zu erwirtschaften, um neu investieren zu können.

Die Erscheinung sei auch für die sozialistische Marktordnung zutreffend, bedingt durch den Kampf um die wirtschaftliche Macht, den sich der sozialistische Staat mit den umgebenden kapitalistischen Staaten liefere. Der Mehrwert sei also nicht nur an den Kapitalismus gebunden, und die Ausbeutung des Arbeiters wird nicht notwendig mit dem Sozialismus verschwinden.

Dann untersucht Simone das Phänomen der Entfremdung des Arbeiters. Sie sieht die Ursache nicht im Privateigentum des Kapitalismus, sondern wie Marx in der Produktionsweise, in der Großindustrie, die jedoch nicht nur dem Kapitalismus eigen sei. Die Entfremdung in dieser Art von materieller Produktion beruhe zum einen auf der Unterscheidung zwischen leitenden und ausführenden Funktionen, zum anderen auf der zwischen intellektuellen und manuellen Arbeiten. Diese Differenz, welche die Herabwürdigung der ausführenden und manuellen Funktionen mit sich bringe, existiere unabhängig von politischen Systemen. So ist „unsere ganze Gesellschaft auf die Spezialisierung gegründet, die die Unterdrückung der Ausführenden durch die leitenden Personen impliziert" (OC II, 2, 33). Damit hat Simone Weil ein auch heute noch aktuelles Problem angesprochen: die Spezialisierung der Arbeitskräfte und die damit einhergehende Parzellierung und Atomisierung der menschlichen Fähigkeiten.

Die Autorin richtet sich auch gegen den Optimismus Marx', der in seiner Theorie von der unbegrenzten Entwicklung der Produktivkräfte und deren Bedeutung für den menschlichen Fortschritt seinen Ausdruck finde. Marx hoffte, daß die technische Entwicklung den Arbeiter von seiner Qual erlösen werde. Dies entbehre laut Simone Weil jeden wissenschaftlichen Charakters und sei als „mythologisch" zu bezeichnen. Simone Weil setzt dem Glauben an das unbegrenzte wirtschaftliche Wachstum die Ansicht entgegen, daß die Rohstoffe eines Tages erschöpft sein würden (womit sie eine recht aktuelle Erkenntnis vorwegnimmt). Nun kommt sie zur Kritik der Revolutionsidee selbst. Der erste Teil ihres Essays endet mit einem klaren Verdikt: „Das Wort Revolution ist eines, für das man tötet, für das man stirbt, für das man die Volksmassen in den Tod schickt, das aber gar keinen Inhalt hat" (OC II, 2, 45). Sie ist der Auffassung, daß die Situation der Arbeiter nicht durch eine gewaltsame Operation verbessert werden könne, sondern daß diese Veränderung der sozio-ökonomischen Strukturen einer Gesellschaft ein langsamer Prozeß sei.

Als Lösung für das Problem der Entfremdung des Arbeiters durch die Spezialisierung schlägt Simone Weil die Teamarbeit vor. In einer Arbeitsgruppe habe der Arbeiter die Möglichkeit, das Gesamtinteresse im Auge zu behalten. Ein Rezept gegen die gesellschaftliche Unterdrückung kann sie allerdings nicht anbieten. Das Ziel des Essays ist nicht, fertige Lösungen vorzustellen, sondern gegen die Entmutigung anzukämpfen, den Geist der Revolte und den guten Willen wachzurufen. Simone Weil wird also Arbeiterin, um vor Ort mögliche Maßnahmen gegen die soziale Unterdrückung ausfindig zu machen.

3.4. Das Jahr in der Fabrik (1934–1935)

Simone schreibt bis Ende November 1934 an ihrem „Testament". Zu dieser Zeit macht sie eine Phase der Depression durch wegen dramatischer Ereignisse im Leben eines ihrer Freunde. An dieser Stelle bleibt die Biographie Simone Pètrements aus Gründen der Diskretion absichtlich vage (SP II, 10). Man weiß aber, daß es sich um Simones Freund Boris Souvarine handelt, dessen Beziehung zu Colette Peignot zu Bruch ging.[7] Simone war traurig, so vermutet Simone Pètrement, weil Boris gereizt mit ihr umging, als sie versuchte, ihn zu beraten. Einen Niederschlag findet diese

Erfahrung in einem unabhängigen autobiographischen Fragment, das zunächst nur von Simone Pétrement veröffentlicht wurde (SP II, 11–14). Es geht darin um die Beziehung zwischen Genuß und Macht, um den Charakter Simones, um die Beziehung zu Freunden und ihre Einstellung zu Liebe und Partnerschaft.

Das folgende Zitat stammt aus dem Anhang zum ersten Heft in der deutschen Übersetzung des ersten Bandes der Tagebücher:

„1. Versuchung der *Faulheit*. Flucht vor dem wirklichen Leben mit seinen Begrenzungen und der wesentlichen Begrenzung, der Zeit. Nichts versuchen, was einen spüren läßt, daß man nicht Gott ist...

2. Versuchung des *inneren Lebens* (alle Gefühle, die nicht unmittelbar vom methodischen Denken und dem wirkungsvollen Handeln aufgezehrt werden). Hier muß man alles Denken, alles Handeln einordnen, das seinen Gegenstand nicht erreicht.

3. Versuchung der *Herrschaft*. (Die Macht hat ihr Gegenstück im fanatischen Gehorsam. Racine: äußerste Gewalt, die von der Anpassung des Menschen an seine Funktion verlangt wird. Du selbst hast an jenem Tag beim Dreschen ...)

4. Versuchung der *Ergebenheit* (Unterordnung unter einen beliebigen Gegenstand, nicht nur all dessen, was subjektiv gegeben ist, sondern des Subjektes selbst; kommt daher, daß man imstande war, die Trennung vorher zu vollziehen).

5. Versuchung der *Perversität* (auf Böses so antworten (reagieren), daß man alles daransetzt, dieses noch zu verstärken).

Ich glaube, das ist alles ...

Sich diese Dinge abgewöhnen, bedeutet zuerst, sich ihrer bewußt zu werden ... Und dann, sich einer schonungslosen Dressur zu unterziehen ...

Ich bin von keiner der fünf wirklich frei, aber die einzige,

die ich überhaupt nicht überwinden konnte, ist die Faulheit. (...) Bei mir bedeutet Faulheit zuallererst eine panische Angst vor dem Gedanken an die *Zeit* – eine bestimmte Verpflichtung zu einem bestimmten Augenblick: unerträglich. (...)
Die Befreiung von diesen fünf Versuchungen ist die Reinheit, nach der einen verlangt. (...)
Die ‚Versuchung des inneren Lebens' nicht aus den Augen verlieren. Suzanne ... Pierre[8] und die anderen ... Boris ... Gefühle, die ihren Gegenstand nicht erreichen, sind keine Liebe. Und du hast es niemals verstanden ... Warum? Nicht, weil es dir an Uneigennützigkeit fehlt. Zum Teil, weil es dir an Unbefangenheit fehlt. Zum Teil, weil ...? (...)
Ich kann B. nur helfen, wenn ich ihm auf gleicher Stufe gegenübertreten kann. Und obwohl ich in mancher Hinsicht weiter bin als er, fehlt mir dazu etwas: den einfachen Dingen gewachsen sein. Das ist die Tugend der guten Arbeiter. Sie kann nicht unerreichbar sein. Solange ich sie nicht besitze, wird er kein Vertrauen in mich haben, und aus gutem Grund – genausowenig wie ich selbst. Solange ich sie nicht besitze, werde ich ein Kind bleiben. Und mit fünfundzwanzig Jahren geht das zu weit.
Andere Menschen, andere Individuen sollen leben, ohne beherrscht zu werden oder zu beherrschen. Wenn es sich um seelische Begegnung handelt, ist es Freundschaft. Wenn es sich um körperliche Begegnung handelt, ist es Liebe. Aber nur insoweit es Liebe ohne Verlangen geben kann. Genau das verursacht in mir seit dem Jardin du Luxembourg[9] einen Widerwillen und eine Demütigung, die zum Glück unüberwindlich sind: Gegenstand des Verlangens zu sein.
Warten ... Nichts Unreines annehmen ... Vielmehr gar nichts." (CA I, 132–135).
Diese Bemerkungen zeigen nicht nur die genaue Gewissenserforschung der Autorin und die hohen Ansprüche, die

sie an sich selbst stellt, sondern auch ihr Streben, sich der Realität mit ihren Grenzen auszusetzen. Auch ihr Verlangen nach Reinheit wird schon in ihrer Auseinandersetzung mit dem Thema Liebe deutlich. Sicher war ihr strenger Begriff von Liebe, den sie später in ihrem Aufsatz *Formen der impliziten Gottesliebe*, *Abschnitt Freundschaft* (UG, 215–225) entfaltet, eine Ursache für ihren Verzicht auf Partnerschaft und Ehe. Vermutlich hat aber auch die Begegnung mit einem Exhibitionisten (oder auch andere Erfahrungen) eine Hemmung gegenüber der Sexualität ausgelöst. Der schon erwähnte Brief an eine Schülerin erhellt noch ein anderes Motiv für den Verzicht auf die Ehe, nämlich die Bewahrung der persönlichen Unabhängigkeit, die für den Lebensstil Simones fast unabdingbar ist.

Wie schwer ihr eine entschlossene Lebensführung fällt, zeigt eine Notiz aus dem gleichen Jahr: „Lerne, die Freundschaft zurückzuweisen, oder vielmehr den Traum von einer Freundschaft. Die Freundschaft zu wünschen, ist ein großer Fehler. (…) Man muß sie zurückweisen, um würdig zu sein, sie zu empfangen: sie steht auf einer Stufe mit der Gnade (…). Es ist Feigheit zu wünschen, der Einsamkeit zu entkommen. Die Freundschaft soll nicht die Qualen der Einsamkeit heilen, sondern ihre Freuden verdoppeln. Die Freundschaft sucht man nicht, man erträumt sie nicht, man wünscht sie sich nicht; man übt sie aus (sie ist eine Tugend). Diesen ganzen trüben und unreinen Randbereich von Gefühlen abschaffen … Schluß!" (CA I, 106f)

Hier liegt sicherlich eine Verdrängung von nur allzu natürlichen Gefühlen und Bedürfnissen vor, aber auch die Absage an eine Traumwelt sowie die Entschlossenheit, einen ganz bestimmten Lebensentwurf zu verwirklichen, zu dem auch der Verzicht auf die weibliche Rolle als Frau und Mutter gehört. Angesichts ihrer Lebensvorstellungen, so äußert sich Simone einmal, empfindet sie es als Unglück, eine Frau zu sein (SP I, 66). Die Gründe für die Schwierigkeiten mit ihrer Weiblichkeit liegen zum einen sicherlich in der Ablehnung eines bürgerlichen Lebensmodells und der damit verbundenen traditionellen Frauenrolle, zum anderen aber auch darin, daß die Gleichberechtigung der Frau in den dreißiger Jahren kaum realisiert war. So ist Simone gezwungen, ihre Weiblichkeit so weit wie möglich zu verleugnen, um ihren politisch und sozial engagierten Lebensentwurf zu verwirklichen.

Am 1. Oktober tritt Simone ihren unbezahlten Urlaub an. Durch die Vermittlung Souvarines lernt Simone Auguste Detoeuf kennen, den Geschäftsführer der Elektrofirma Alsthom. Detoeuf sucht selbst neue Wege für die Organisation der Industrie und damit auch für die Gesellschaft, er sucht eine Synthese von Wissenschaft, Technik sowie intellektueller und manueller Arbeit. Simone schätzt seine offene, gütige Art und freundet sich mit ihm an. Er stimmt dem Argument Souvarines zu, daß Simones Selbstversuch durch ihn etwas überwacht werden könne, und stellt sie ein. Simone tritt ihre neue Stelle am 4. Dezember 1934 an; es war verabredet worden, daß niemand erfahren sollte, wer sie wirklich ist und aus welchen Gründen sie diese Arbeit aufnimmt.

Mit dem 4. Dezember beginnt auch ihr Fabriktagebuch, literarische Frucht ihrer Selbsterfahrung in der Fabrik, das minutiös ihre Tätigkeiten, ihren Verdienst, ihre Erfahrungen mit den anderen Arbeitern und ihre Qual wiedergibt. Es handelt sich um Akkordarbeit, und Simone ist aufgrund ihrer schwachen Konstitution und ihrer mangelnden manuellen Geschicklichkeit völlig überfordert. Sie erreicht die vorgeschriebenen Stückzahlen nicht, und da die Arbeiterinnen pro Stück bezahlt werden, verdient sie so wenig, daß sie sich nicht einmal ausreichend ernähren kann. Hinzu kommt der Kopfschmerz, der sie ständig martert. Eine andere Schwierigkeit ist für die Intellektuelle Simone Weil, das Denken einzustellen. Sie schreibt in einem Brief an eine ehemalige Schülerin: „Nein, das Tragische der Situation besteht darin, daß die Arbeit zu mechanisch ist, um dem Denken als Objekt zu dienen, und dennoch jedes andere Denken verbietet. Denken bedeutet, weniger schnell sein; aber es gibt von unerbittlichen Bürokraten festgesetzte Geschwindigkeitsnormen, die man erfüllen muß, um nicht entlassen zu werden und um genug zu verdienen (der Lohn basiert auf dem Akkord)" (FS, 32f). Sie macht zunächst die Erfahrung des Neides und des Egoismus unter den Arbeitern, später auch die der Solidarität. Zwischen Weihnachten und Neujahr wird Simone vorübergehend entlassen, da es wegen der Wirtschaftskrise zuwenig Arbeit gibt. Jedoch erholt sie sich wegen einer Erkältung und fürchterlicher Kopfschmerzen kaum. Als sie am 2. Januar 1935 die Arbeit wieder aufnimmt, kommt sie in eine Werkstatt, in der zum ersten Mal eine geschwisterliche Atmosphäre herrscht: „Ofen. Am ersten Abend, gegen 5 Uhr, verliere ich durch den Schmerz der Brandwunden, durch Erschöpfung und Kopfschmerzen vollständig die Herrschaft über meine Bewegungen. Ich bin nicht mehr imstande, die Ofenklappe herunterzulassen. Ein Kesselschmied stürzt herbei und läßt sie an meiner Statt herunter. Welche Dankbarkeit in solchen Augenblicken!" (FS, 51)

Am 15. Januar zieht sie eine Zwischenbilanz: „Die Erschöpfung läßt mich schließlich die wahren Gründe meines Aufenthaltes in der Fabrik vergessen, macht die stärkste Versuchung dieses Lebens fast unüberwindlich: nicht mehr denken, einziges Mittel, um nicht zu leiden. Nur am Samstagabend und am Sonntag kehren Erinnerungen zurück, Ideenstücke, erinnere ich mich *auch* ein denkendes Wesen zu sein. Entsetzen erfaßt mich, als ich meine Abhängigkeit von äußeren Umständen feststelle: es genügte, daß sie mir eines Tages eine Arbeit ohne wöchentlichen Ruhetag aufzwingen – was schließlich immer möglich ist –, und ich würde zu einem Lasttier, gehorsam und ergeben (wenigstens in mei-

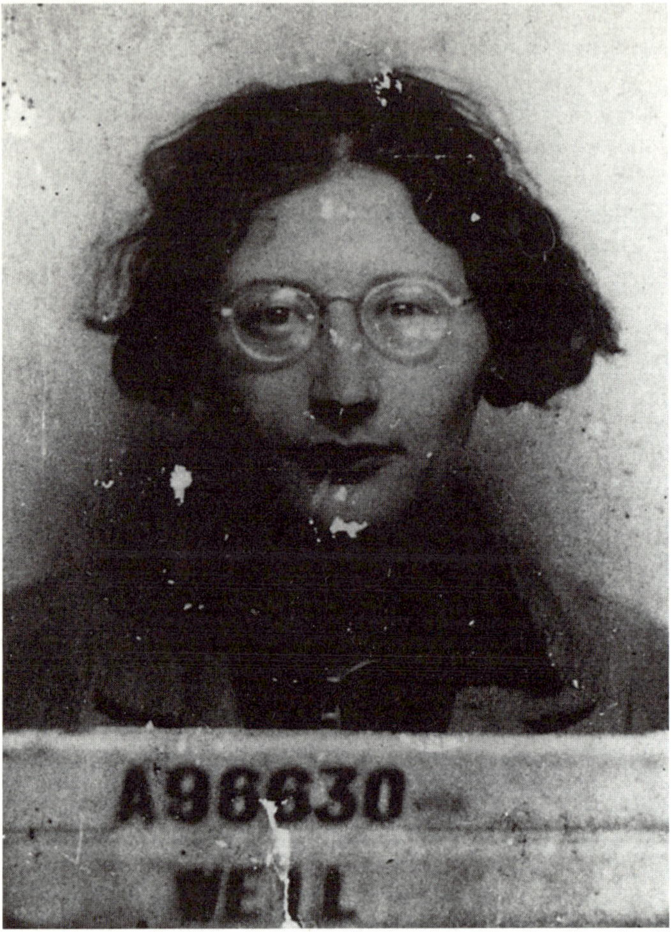

Abb. 5: Simone Weil als Arbeiterin bei Renault

nen Augen). Allein das Gefühl der Brüderlichkeit, die Entrüstung angesichts des anderen zugefügten Unrechts bleiben – aber bis zu welchem Punkt widerstände all dies auf Dauer? Ich bin nicht weit davon entfernt zu denken, daß das Seelenheil eines Arbeiters zuerst von seiner physischen Veranlagung abhängt. Ich sehe nicht, wie körperlich Schwache vermeiden können, der Verzweiflung anheimzufallen – Saufen oder Vagabundieren, Verbrechen oder Ausschweifungen oder ganz einfach und am häufigsten Abstumpfung (und die Religion?). Die Revolte ist unmöglich, ausgenommen einige Blitze (und ich meine sogar das bloße Gefühl). Zunächst: wogegen? Man ist allein mit seiner Arbeit, man könnte nur gegen sie rebellieren – oder mit Ärger arbeiten, das hieße, schlecht arbeiten, folglich hungern" (FS, 61).
An diesem Tag, dem 15. Januar, stellt der Arzt eine Ohrenentzündung fest. Simone wird bis zum 25. Februar mit der Fabrikarbeit aussetzen und zwischenzeitlich drei Wochen in Montana in der Schweiz verbringen.
Während dieser Ruhezeit schreibt sie Briefe an Albertine Thévenon, in denen sie die Inhumanität der Arbeitswelt schildert. Auch ihre persönlichen Empfindungen fließen in diese Briefe ein: „Die Erfahrung, die meinen Erwartungen entspricht, ist dennoch durch einen Abgrund von ihnen getrennt: es ist Realität, nicht mehr Imagination. Nicht diese oder jene meiner Ideen wurde verändert (viele sind im Gegenteil bestätigt worden), sondern unendlich viel mehr, meine ganze Sicht der Dinge, mein eigentlicher Begriff vom Leben. Sicher werde ich noch Freuden kennenlernen, aber eine gewisse Beschwingtheit wird, so scheint es mir, für immer unmöglich sein."
Dennoch schreibt sie: „Trotz allem halte ich aus. Und ich bedaure keine Minute, mich in dieses Experiment gestürzt zu haben. Ganz im Gegenteil, ich bin unendlich glücklich, wenn ich daran denke" (FS, 24–26).
Das gleiche Urteil fällt sie im schon genannten Brief an ihre

Schülerin und fährt fort: „Vor allem meine ich einer Welt von Abstraktionen entflohen zu sein und mich unter wirklichen Menschen zu befinden – guten oder schlechten, jedoch von einer wirklichen Güte oder Bosheit. Sofern es sie gibt, ist besonders die Güte in einer Fabrik etwas Wirkliches; denn der geringste freundliche Akt, vom einfachen Lächeln bis zur Hilfeleistung, erfordert einen Sieg über die Müdigkeit, über die Lohnbesessenheit, über alles, was bedrückt und dazu verleitet, sich in sich selbst zurückzuziehen."

Im Brief an Albertine Thévenon drückt sie ihr Bedauern darüber aus, auf so wenig Solidarität gestoßen zu sein, und ihrem Freund Nicolas Lazarévitch teilt sie brieflich ihre Beobachtung mit, daß sie niemals in der Fabrik von der Gewerkschaft oder von einer Partei habe reden hören. Auch der Gedanke, Widerstand zu leisten, sei niemandem je gekommen.

Am 5. April hört sie mit der Arbeit bei Alsthom auf. Vielleicht wegen eines Arbeitsunfalls – sie hatte sich die Hände aufgerissen –, vielleicht auch, weil sie durch einen Stellenwechsel ihren Erfahrungshorizont erweitern will oder weil ihre Vorgesetzten sie nicht länger behalten konnten, ohne die Verwunderung der anderen Arbeiter wegen der schlechten Stückzahlen Simones zu riskieren.

Während ihrer Arbeitssuche trifft Simone auf zwei Arbeiter, mit denen sie ein „ungewöhnlich freies, zwangloses Gespräch zu dritt" führt, „auf einer Stufe oberhalb der Existenznöte, die die beherrschende Sorge der Sklaven, vor allem der Frauen, bilden. (...) Vollständige Kameradschaft, zum ersten Mal in meinem Leben. Keine Schranke, weder Klassenunterschied (da er beseitigt ist) noch Geschlechtsunterschied. Wundervoll" (FS, 93f). Dieses Zitat macht eine Beobachtung deutlich, die das ganze Fabriktagebuch durchzieht, nämlich daß vor allem die Frauen die Klasse der Unterdrückten, Gedemütigten und Entwürdigten darstellen. Zugleich zeigt das Zitat, warum Simones Interesse nicht nur den Arbeiterinnen, sondern der ganzen Arbeiterklasse gilt und warum sie sich nicht als Feministin versteht. Sie lehnt es ab, ihre Aufmerksamkeit aufzuspalten, sie will sich für alle Benachteiligten einsetzen. Ein früher Zug zur Universalität wird sichtbar, ebenso wie ein frühes Bemühen um Einheit, um Synthese. Sie sucht Gegensätze jeder Art zu überwinden, sowohl Klassengegensätze als auch geschlechtsspezifische Unterschiede. Man kann vermuten, daß Simone sich nicht der feministischen Bewegung angeschlossen hat, um nicht nur für einen Teil der Unterdrückten zu kämpfen.

Am 11. April nimmt sie die Arbeit in der Firma J.-J. Carnaud et Forges de Basse-Indre in Boulogne-Billancourt auf. In diesem Betrieb herrschen allerdings inhumane Arbeitsbedingungen. Man beschäftigt Simone Weil an einer Presse, an der es ihr gelingt, auf eine Stückzahl von vierhundert zu kommen. Nachmittags um vier Uhr kommt der Vorarbeiter und sagt ihr, daß sie schon achthundert Stück machen müsse, wenn sie bleiben wolle. Indem sie alle Kräfte mobilisiert, gelingt es ihr, eine Stückzahl von sechshundert zu erreichen. Um halb sechs Uhr am Nachmittag sagt ihr der Vorarbeiter, daß es nicht genug sei. Sie dürfe aber trotzdem wiederkommen, sie müsse nur schneller arbeiten. In der Garderobe wundert sich Simone darüber, daß die Frauen schwatzen können, ohne Wut im Bauch zu haben.

Die Beschreibung dieses ersten Tages in der neuen Firma endet in ihrem Fabriktagebuch mit den Worten: „Ich gehe zu Fuß an die Seine. Dort setze ich mich ans Ufer auf einen Stein, trübsinnig, ausgelaugt, das Herz von ohnmächtigem Zorn erfüllt, mit dem Gefühl, meiner ganzen Lebenssubstanz entleert zu sein. Ich frage mich, ob ich, sollte ich für immer zu dieser Art Leben verurteilt sein, täglich die Seine überqueren könnte, ohne mich eines Tages hinunterzustürzen" (FS, 96).

In einem Brief an Boris Souvarine erzählt sie von einem Gespräch mit einer Fließbandarbeiterin in der Straßenbahn. Diese sagt ihr, daß man nach einiger Zeit, spätestens nach einem Jahr nicht mehr leide, obwohl man sich unverändert abgestumpft fühle. Simone findet, daß dies der höchste Grad der Erniedrigung sei. Diese Ansicht ist verständlich, denn Sensibilität und Leidensfähigkeit sind kostbare Güter des Menschen. Verliert er sie, so verliert er an menschlicher Würde. Simone Weil geht es nie nur um die materielle Verbesserung der Lebensbedingungen der Arbeiterklasse, sie nimmt stets den ganzen Menschen in den Blick, seine materiellen, emotionalen, kulturellen und am Ende ihres Lebens auch seine spirituellen Bedürfnisse.
Das Fabriktagebuch sagt nichts über die weitere Entwicklung in diesem Betrieb. Am 7. Mai wird sie entlassen und ist erneut auf Arbeitssuche. Vom 5. Juni bis zum 22. August arbeitet sie bei Renault als Fräserin. In diesem Betrieb kommt sie etwas besser zurecht als in den beiden anderen. Jedoch hat sie einen Arbeitsunfall. Sie fräst sich ein Stück des Daumens ab. Wenige Tage später bekommt sie einen Abszeß an der Hand.
Am 27. Juni hat sie im Bus seltsame Gedanken: „Wie kann eine Sklavin wie ich in diesen Autobus steigen, ihn für meine zwölf Groschen, genauso wie jeder andere, benutzen? Welche ungewöhnliche Gunst! Hieße man mich wieder aussteigen mit der Begründung, solche bequemen Transportmittel seien nicht für mich bestimmt, ich solle zu Fuß gehen: ich glaube, daß ich dies ganz natürlich fände. Die Sklaverei hat mich vollständig des Gefühls beraubt, Rechte zu besitzen. Es scheint mir eine Gnade, Augenblicke zu erleben, in denen ich keine menschliche Brutalität erleben muß“ (FS, 106).
Dieser innere Monolog gibt die dominante Erfahrung Simone Weils in diesem Fabrikjahr wieder: die Erfahrung der Sklaverei, den scheinbar völligen Verlust der Wertschätzung

durch andere. Sicherlich hat Simone Weil aufgrund ihrer zarten Konstitution mehr unter der Fabrikarbeit gelitten als andere, und das Fabrikjahr (letztlich waren es nur wenige Monate, da man die krankheitsbedingten Ausfallzeiten und die Zeit der Arbeitssuche abrechnen muß) war deswegen auch nur ein zeitlich begrenzter Versuch. Dennoch vermittelt das Fabriktagebuch einen guten Eindruck von der zum Teil bis heute fortdauernden Inhumanität der Arbeitswelt jener Zeit.

Am Ende des Tagebuchs zieht Simone Bilanz: „Was gewann ich bei diesem Experiment? Das Gefühl, kein Recht zu besitzen, welches es auch immer sein und worauf es auch immer sich beziehen mag. Achtgeben, dieses Gefühl nicht zu verlieren. Die Fähigkeit, mir moralisch zu genügen; im Zustand latenter ständiger Erniedrigung zu leben, ohne mich in meinen Augen erniedrigt zu fühlen; intensiv jeden Augenblick von Freiheit und Freundschaft zu genießen, als sollte er ewig dauern. Direkter Kontakt mit der Wirklichkeit. (...) Das Gefühl persönlicher Würde, so wie es die Gesellschaft hervorgebracht hat, wurde *gebrochen*. Man muß sich ein anderes schaffen, obwohl die Erschöpfung die eigene Denkfähigkeit auslöscht. Ich muß mich bemühen, jenes andere Gefühl zu bewahren" (FS, 122).

Simone Weil war es gelungen, trotz des Verlustes der sozialen Wertschätzung das individuelle Selbstwertgefühl nicht zu verlieren: ein Zeichen für die Stärke ihrer Persönlichkeit. In einem Brief an Albertine Thévenon berichtet sie ihre innere Entwicklung: „Für mich persönlich bedeutete die Fabrikarbeit, daß alle äußeren Gründe (vorher hatte ich sie als innere angesehen), auf denen das Gefühl meiner Würde, die Achtung meiner selbst beruhten, in zwei oder drei Wochen radikal zerbrachen unter der Gewalt eines täglichen brutalen Zwanges. Und ich glaube nicht, daß dies in mir Revoltegefühle hervorrief, nein, ganz im Gegenteil, was ich am allerwenigsten von mir erwartet hätte – Fügsamkeit. Die

Fügsamkeit eines ergebenen Lasttieres. Es schien mir, ich wäre geboren, um auf Befehle zu warten, sie zu empfangen und auszuführen – ich hätte nie etwas anderes getan und würde immer nur dies tun. Ich bin gewiß nicht stolz, dies einzugestehen. Über diese Art Leiden spricht kein Arbeiter: allein daran zu denken, ist überaus schmerzlich. Als die Krankheit mich aufzuhören zwang, wurde ich mir der Erniedrigung bewußt, in die ich gestürzt war; ich schwor mir, diese Existenz bis zu jenem Tage zu erdulden, an dem es mir, ihr zum Trotz, gelingen würde, wieder zu mir selbst zu finden. Ich hielt das Versprechen. Langsam, qualvoll eroberte ich, quer durch die Sklaverei, das Gefühl meiner Menschenwürde zurück, ein Gefühl, das sich jetzt auf nichts Äußeres mehr gründet und stets von dem Bewußtsein begleitet ist, daß mir nichts zusteht, daß jeder Augenblick ohne Leid und ohne Erniedrigung wie eine Gnade wahrgenommen werden muß, wie die Wirkung günstiger Zufälle" (FS, 30).

Simone möchte das Gefühl bewahren, kein Recht zu besitzen; darin manifestiert sich die Neigung zum Selbstverzicht, die sie immer schon gelebt hat und die u.a. Ursache für ihren frühen Tod sein wird.

Ihr Ziel, für die Arbeiter Wege aus der Unterdrückung heraus zu finden, hat sie nicht erreicht. Vielmehr verstärkt sich die Erkenntnis, daß man neue Maschinen erfinden müsse, die dem Menschen und seinen Bedürfnissen entsprächen. Man könnte meinen, daß Simones Vorschläge heute nicht mehr aktuell seien wegen der modernen Errungenschaften im Bereich der Humanisierung der Arbeitswelt. Dies ist jedoch ein Irrtum, denn sie will mehr als bloße Verbesserungen. Sie will eine grundlegende strukturelle Reform der industriellen Arbeit: Die Entfremdungen verschiedenster Art sollen aufgehoben werden. Sie will die Arbeitswelt zu einem wirklichen menschlichen Milieu umgestalten – eine heute noch aktuelle Aufgabe.

Ihr politischer Pessimismus verschärft sich noch durch die Erfahrung des Fabrikjahres und er schlägt sich nieder in der Bemerkung am Ende des Tagebuchs: „Eine offenkundig unerbittliche und unbezwingbare Unterdrückung bringt als unmittelbare Reaktion keine Revolte hervor, sondern Unterwerfung“ (FS, 122).

3.5. Bourges (1935–1936)

Ein paar Wochen nach Beendigung der Fabrikarbeit fährt Simone mit ihren Eltern nach Spanien und Portugal. Dort, in Portugal, hat sie, wie sie in ihrem autobiographischen Brief Jahre später an Pater Perrin erzählt, „die erste der drei Berührungen mit dem Katholizismus, die wahrhaft zählten“ (UG, 47). Sie berichtet weiter: „Nach meinem Jahr in der Fabrik und ehe ich meinen Unterricht wieder aufnahm, hatten meine Eltern mich nach Portugal mitgenommen, und dort trennte ich mich von ihnen, um ganz alleine ein kleines Dorf zu besuchen. Ich war seelisch und körperlich gewissermaßen wie zerstückelt. (...) In dieser Gemütsverfassung, und in einem körperlich elenden Zustand, betrat ich eines Abends jenes kleine portugiesische Dorf, das ach! auch recht elend war; allein bei Vollmond, eben am Tage des Patronatsfestes. Es war am Ufer des Meeres. Die Frauen der Fischer zogen, mit Kerzen in den Händen, in einer Prozession um die Boote und sangen gewiß sehr altüberlieferte Gesänge, von einer herzzerreißenden Traurigkeit. Nichts kann davon eine rechte Vorstellung vermitteln. Niemals habe ich so etwas Ergreifendes gehört, außer dem Gesang der Wolgaschlepper. Dort hatte ich plötzlich die Gewißheit, daß das Christentum vorzüglich die Religion der Sklaven ist und daß die Sklaven nicht anders können als ihm anhängen und ich unter den übrigen.“
Nach ihrer Rückkehr aus Portugal tritt Simone Weil ihre

Abb. 6: Simone Weil im Jahr 1935

Stelle in Bourges an. Hier fühlt sie sich insgesamt wohler als in den anderen Provinzstädten, in denen sie unterrichtet hat. Auch die Beziehungen zu ihren Kollegen und zur Schulleitung sind gut. Die neuen Schülerinnen bringen ihr wohl etwas weniger Verehrung entgegen als die bisherigen.
In ihren Kursen behandelt sie, mehr als zuvor, literarische Werke, denn sie zieht das konkrete Beispiel philosophischen Abstraktionen vor. Sie betont den Wert der Aufmerksamkeit und definiert Freiheit als Gehorsam gegenüber der Notwendigkeit.[10] Außerdem kritisiert sie die Hochachtung der Ehre, vor allem bei Pierre Corneille, denn diese sei eine Tugend der Privilegierten und rufe zum Mord, ja sogar zum Massaker auf. Daher könne der Wert der Ehre nicht mit dem Christentum vereinbar sein.
Auch in Bourges setzt Simone ihr soziales Engagement fort und sucht nach Möglichkeiten, die Lage der Arbeiter zu verbessern. Eine ihrer Schülerinnen ist die Tochter des Besitzers oder Geschäftsführers der Gießerei in Rosières. So besucht Simone zusammen mit der Schuldirektorin und anderen Leuten diesen Betrieb. Nach der Besichtigung lernt sie Monsieur Bernard kennen, den technischen Direktor der Fabrik, und diskutiert mit ihm ihre Ansicht, daß die Löhne gleich sein müßten. Monsieur Bernard hatte die kleine Zeitschrift „Entre nous" für die Arbeiter begründet, in der Simone sofort einen Artikel veröffentlichen möchte. Nach den Weihnachtsferien schickt sie ihm diesen Text *Un appel aux ouvriers de Rosières* (FS, 143–148), in dem sie die Arbeiter auffordert, ihr anonym zu schreiben, wie es ihnen in der Fabrik ergeht. Monsieur Bernard hingegen lehnt es ab, ihren Artikel zu drucken, da er zu sehr das Klassenbewußtsein hervorrufe. In einem Brief vom 13. Januar verteidigt sie ihren Beitrag, der von einem „reinen christlichen Geist" (FS, 140) inspiriert sei. Was die Aufreizung des Klassenbewußtseins angehe, so sei es besser, ihm bisweilen Ausdruck zu verleihen, was nicht aufreizen bedeuten müsse, sondern

im Gegenteil das Ziel habe, seine Bitterkeit abzuschwächen. Bis zum Juni 1936 wird sie noch mehr Briefe an Monsieur Bernard schreiben (FS, 140–191), mit der Absicht, ihn von der Notwendigkeit eines von Unternehmern und Arbeitern zusammengesetzten Stabes zu überzeugen, der die totale Unterordnung der Arbeiter durch Zusammenarbeit ersetzen solle.

In diesem Jahr macht Simone auch Erfahrungen mit der Landarbeit. Die Schülerin einer ihrer Kolleginnen, Madame Coulomb, ist Tochter von Bauersleuten, die im Departement Cher einen kleinen Hof haben. Im Laufe des Monats März arbeitet Simone an manchen Tagen auf diesem Bauernhof, melkt und füttert die Kühe und pflügt sogar.

Im Februar 1936 teilt Simones Bruder André, der zu dieser Zeit einen Lehrstuhl an der Universität Straßburg innehat, seiner Schwester mit, daß sie ein Stipendium der Stiftung Rockefeller für das kommende Schuljahr beantragen könne. Simone ist von dieser Idee angetan, denn sie fühlt sich sehr erschöpft und kann ihren Unterricht kaum abhalten. In einem Brief an einen Freund schreibt sie: „Hier meine Situation. Ich bin keinerlei Aufgabe gewachsen, in welchem Bereich auch immer. Ich kann nichts tun, ohne die Angst eines Schwimmers zu beschwören, der sich fragt, ob er die Kraft hat, das Ufer zu erreichen. Außerdem kann ich nichts tun, wie es sein sollte, selbst wenn ich meine ganze Energie einsetze. (...) Andererseits werde ich mir immer mehr dessen bewußt, was ich in mir trage, wenn ich trotzdem sehe, nachdenke, Fortschritte mache; und wenn ich es Ihnen völlig aufrichtig sagen soll, ich bin davon überzeugt, daß es die Keime großer Dinge sind. (...)

Jedesmal, wenn ich eine Phase der Kopfschmerzen durchmache, frage ich mich, ob der Moment des Sterbens nicht gekommen ist. Mehr als einmal habe ich mich aus Angst vor einem schlimmeren Verfall als den des Todes fast dazu entschlossen; so nahe war ich diesem Entschluß, daß ich beschloß, niemals eine solche Entscheidung zu treffen (außer, wenn es ungewöhnliche Bedingungen erforderlich machen) als auf die lange Frist eines halben oder eines Jahres hin. Man muß hinzufügen, daß, wenn die Kopfschmerzen genug nachlassen, um mir meine geistige Freiheit zurückzugeben, ich mich mit soviel Feuer in das Leben stürze, so daß eine neue Verschlimmerung meines Zustandes jedem Anfall im gleichen Maße entspricht wie die Verurteilung zum Tode einem Menschen, der vor Jugend und Vitalität nur so strotzt" (SP II, 81).

Dieser Brief beschreibt sehr gut die Notsituation, in der Simone Weil sich 1936 befindet. Auf der einen Seite wirken die Fabrikarbeit und ihre zahllosen Aktivitäten in totaler Erschöpfung und bei marternden Kopfschmerzen nach. Auf der anderen Seite erkennt sie immer deutlicher ihre literarische und philosophische Begabung. Wie sie diesem Freund außerdem schreibt, will sie, um ihre Unabhängigkeit zu wahren, nicht die finanzielle Hilfe ihrer Eltern in Anspruch nehmen. Dennoch verliert sie nicht die Lebensfreude: „ Für mich ist das Leben trotzdem schön. Oder eher ist das Leben in meinen Augen auf souveräne Weise schön – nur ist es für mich immer weniger zugänglich" (SP II, 82).

Simone gelingt es nun, in der bereits erwähnten Revue „Entre nous" verschiedene Artikel zu veröffentlichen, die die klassische griechische Literatur dem Arbeiter zugänglich machen sollen. Sie schreibt die Artikel *Antigone* und *Electre*, die später auch in der Sammlung *La source grecque* veröffentlicht werden.

Der Bericht des Inspektors der Akademie am Ende des Schuljahres über die schulische Arbeit Simones ist im ganzen nicht schlecht. Ebenso wie der Schulrat wünscht er eine Versetzung, da ihre Erscheinung nicht in das bürgerliche Milieu von Bourges passe. Von ihren neun Philosophieschülerinnen bestehen immerhin sechs das Abitur.

3.6. Bürgerkrieg in Spanien und erste Reise nach Italien (1936–1937)

In Spanien ist wie in Frankreich eine Volksfrontregierung an der Macht. Die Revolte der rechtsgerichteten spanischen Generäle beginnt am 8. und 17. Juli 1936. Die spanische Regierung bittet die französische um Hilfe. Léon Blum, der Chef der Volksfrontregierung, zögert jedoch einzugreifen wegen der Gefahr eines internationalen Krieges oder eines Bürgerkrieges in Frankreich. Auch würde ihm in diesem Falle die englische Regierung ihre Unterstützung entziehen.

Simone Weil stimmt, nicht zuletzt aus ihrer pazifistischen Einstellung heraus, der vorsichtigen Haltung Blums zu. Wenn sie auch nicht andere den Gefahren eines Krieges aussetzen will, so fürchtet sie diese doch nicht für ihre eigene Person. Vermutlich meidet sie die Feigheit, die sich hinter einer radikalen Friedensliebe verstecken kann, und schlägt sich wie sonst auf die Seite der Leidenden.

1938 schreibt sie an Georges Bernanos: „Im Juli 1936 war ich in Paris. Ich mag den Krieg nicht; aber was ich im Krieg am schrecklichsten fand, das war die Situation derjenigen, die sich im Hinterland befanden. Als ich verstanden hatte, daß ich trotz meiner Bemühungen nicht verhindern konnte, moralisch an diesem Krieg teilzunehmen, d.h. jeden Tag, zu jeder Stunde den Sieg der einen und die Niederlage der anderen zu wünschen, habe ich mir gesagt, daß Paris für mich das Hinterland sei“ (EHP, 221).

Simone fährt also nach Barcelona. Ihre Erfahrungen hält sie im *Journal d'Espagne* fest (EHP, 209–216). Ihre Eltern, die sich große Sorgen um sie machen, folgen ihr zunächst nach Perpignan, einer französischen Stadt an der spanischen Grenze. Sie schließt sich der Kolonne Durruti in Pina am Ufer des Ebro an. Buenaventura Durruti leitet die wichtigste Kampftruppe der Syndiko-Anarchisten. In dieser Trup-

pe hatte sich eine internationale Gruppe von nur 22 Leuten gebildet, zu der Franzosen, Italiener, Bulgaren und Deutsche gehören.
Der Franzose Carpentier zeigt ihr, wie man mit einem Gewehr umgeht. Schließlich wird sie jedoch in die Küche geschickt, vielleicht, um sie nicht allzu großer Gefahr auszusetzen, da man um ihre Ungeschicklichkeit und ihre Kurzsichtigkeit weiß. Eines Morgens spielt ihr das schlechte Sehvermögen einen bösen Streich. Damit man die Kolonne beim Feuermachen nicht bemerkt, hat man im Unterholz für den Kochtopf ein Loch gegraben. Simone sieht dies nicht und tritt mit dem linken Fuß in den Topf voll heißen Öls. Der Fuß wird noch durch den Schuh geschützt, aber der untere Teil des Beins erleidet schwere Verbrennungen. Man bringt sie nach Pina zurück. Im dortigen Krankenhaus wird sie medizinisch so schlecht versorgt, daß sie sich bis nach Barcelona durchschlagen muß.
Den Eltern Simones ist es inzwischen gelungen, die Grenze nach Spanien zu überqueren und nach Barcelona zu gelangen. Dort treffen sie Simone und bringen sie zum Krankenhaus in Sitgès. Da sie aber auch dort zu schlecht versorgt wird, übernimmt Doktor Weil selbst die medizinische Pflege Simones in seinem Hotelzimmer.
In Sitgès erfährt sie einige Grausamkeiten, die die Republikaner nach ihrem Unfall begangen haben. In ihrem Brief an Georges Bernanos erzählt sie, daß die Republikaner neun angebliche Faschisten getötet hätten, um den Tod von neun Genossen zu rächen. Auch bekommt sie die Nachricht, daß ein fünfzehnjähriger Junge umgebracht worden sei, weil er sich den Anarchisten nicht hätte anschließen wollen. Ein Pfarrer und Familienvater wurde hingerichtet, obwohl er um sein Leben bat. Diese Nachrichten versetzen Simone Weil natürlich in Wut und Enttäuschung und belasten ihr Gewissen. Sie ist auch sehr pessimistisch, was die politische Zukunft Spaniens angeht. Sie befürchtet, daß aus Spanien

ein zweites Rußland werden könnte. Dennoch ist sie entschlossen, sobald wie möglich an die Front zurückzukehren. Ihren Eltern jedoch gelingt es mit großer Mühe, sie zur Rückkehr nach Frankreich zu bewegen. Ende September sind sie wieder in Paris.

Ihr Unfall rettet Simone das Leben, denn wenig später wird die Gruppe zerschlagen, und auch die Frauen, die sich ihr nach Simones Weggang angeschlossen haben, werden getötet.

Bald nach ihrer Rückkehr schreibt sie einen pazifistischen Artikel für die Zeitschrift „Vigilance" mit dem Titel *Faut-il graisser les godillots?* (OC II, 2, 386–387). Dort spricht sie sich gegen diejenigen Politiker aus, die das Risiko eingehen wollen, den Bürgerkrieg in Spanien in einen Krieg der Nationen auszuweiten.

Sie nimmt auch an Versammlungen der Bewegung S.I.A. (Secours international antifasciste= Internationale antifaschistische Hilfe) sowie der Gewerkschaft C.G.T. teil. Dort weigert sie sich, beim Gesang der Internationalen stehen zu bleiben, da sie keine aufgesetzten Riten mag. Sie schreibt auch zwei weitere Artikel, die zuerst in der Sammlung *Ecrits historiques et politiques* veröffentlicht wurden: *La politique de neutralité et l'assistance mutuelle* und *Non-intervention généralisée*. Der erstgenannte Artikel wurde auch in die Gesamtausgabe der Werke Simone Weils (OC II, 2, 405–406) aufgenommen. Darin ist sie der Meinung, daß man nicht in die von Hitler besetzte Tschechoslowakei einfallen dürfe, da man ja auch in Spanien auf eine Intervention verzichtet habe.

Zu dieser Zeit ändert Simone ihre Haltung zu einer geplanten Rückkehr nach Spanien. Im Brief an Bernanos begründet sie den Wechsel ihrer Einstellung damit, daß der Bürgerkrieg in Spanien nun doch ein Krieg zwischen verschiedenen Staaten geworden sei. Außerdem würden auch in einem Bürgerkrieg wichtige Werte wie Gerechtigkeit, Freiheit und

Abb. 7: Simone Weil in Spanien 1936

Menschlichkeit verletzt und damit die Ziele vergessen, die überhaupt zu seinem Ausbruch geführt haben. In ihrem Artikel *Faut-il graisser les godillots?* hat sie schon das folgende Urteil gefällt: „Wenn das Unglück der Zeit will, daß der Bürgerkrieg heute ein Krieg wie jeder andere und fast unausweichlich zu einem internationalen Krieg wird, kann man daraus nur einen Schluß ziehen: auch den Bürgerkrieg vermeiden" (OC II, 2, 387).

Für das ganze Schuljahr 1936/37 hatte Simone die Freistellung vom Unterricht wegen Krankheit beantragt, denn ihre Kopfschmerzen waren stärker denn je, und ihre Brandwunde am Bein war keineswegs verheilt. So ist sie frei genug, um sich erneut um die Lösung von sozialen Problemen in Frankreich zu kümmern. Sie schreibt verschiedene Artikel, in denen sie Fragen, die in der Gewerkschaftsbewegung diskutiert wurden, zu lösen versucht.[11]

Zu dieser Zeit beschäftigt Simone sich auch viel mit Musik und darstellender Kunst. Sie liebt Monteverdi, Bach, Mozart und die gregorianischen Gesänge. Wagner hingegen ist ihr zu gewaltig, wie ihre Biographin Simone Pètrement beobachtet (SP II, 122). Auch in der Kunst zieht sie die Reinheit dem kraftvollen Ausdruck vor, sie mag Michelangelo, Giotto, Masaccio, Leonardo und Giorgione.

Am 23. Februar 1937 hält sie einen Vortrag über den Taylorismus (FS, 230–242). Sie stellt die Entwicklung dieses Rationalisierungssystems dar, charakterisiert seine Ziele, die wesentlich in der Steigerung der Produktion bestehen, und kritisiert scharf seine Wirkungen: „Dieses System hat die Arbeiter sozusagen auf den Status von Molekülen zurückgeworfen. Es hat die Arbeiter isoliert. Eine der zentralen Forderungen Taylors laute, man müsse ‚individuell' an jeden einzelnen Arbeiter ‚appellieren'. Das heißt, mittels Prämien und Konkurrenz die Arbeitersolidarität zerrütten. So entsteht jene eisige Einsamkeit, die vielleicht das zentrale Merkmal der nach diesem System organisierten Betriebe ist

– eine moralische Einsamkeit, die die Juni-Ereignisse gewiß vermindert haben" (FS, 240).
Die Gewerkschaft C.G.T. hatte sich durchgesetzt und stellt nun die mächtigste Gruppierung in der Gewerkschaftsbewegung dar. Simone sorgt sich um den wachsenden Einfluß der Kommunisten in dieser Gewerkschaft, der dazu führen könnte, daß sie nur noch ein Anhängsel des russischen Staates wäre. Daher möchte sie, daß sich auch die christliche Gewerkschaft C.F.T.C. der C.G.T. anschließt, damit sie ein Gegengewicht zum kommunistischen Einfluß bildet. In den ersten Märzwochen 1937 schreibt sie an Emmanuel Mounier, Chefredakteur der katholischen Zeitschrift „Esprit", und bringt ihre Meinung zu Ausdruck, daß der Pluralismus der Gewerkschaften nicht die Freiheit beeinträchtige, vielmehr sei es gerade der Konkurrenzkampf, der sie einschränke. Auch sind ihrer Ansicht nach der Geist und das Ideal der C.G.T. vereinbar mit der katholischen Moral. Die Kopfschmerzen haben nun eine solche Intensität erreicht, daß Simone sich entschließt, sich einer klinischen Behandlung im schweizerischen Montana zu unterziehen. Auch ihre Eltern kommen Ende März und verbringen dort zwei Wochen. Während dieser Kur schreibt sie ihren bedeutenden Artikel *Ne recommençons pas la guerre de Troie* für die Zeitschrift „Nouveaux Cahiers" (OC II, 3, 49–66). Darin zeigt sie, daß die Absurdität des Krieges darin bestehe, daß er kein klar definiertes Ziel aufweise. Daher gebe es auch kein Gleichgewicht zwischen dem Ziel und den Opfern eines Krieges. In den grausamsten Kriegen werde der Kampf nur noch um seiner Selbst willen geführt. Als Beleg führt die Autorin das „Phantom" Helena an, deretwegen die Griechen zehn Jahre lang mit den Trojanern Krieg geführt haben. Zu unserer Zeit seien es die Wörter, die auf „-ismus" enden (Kommunismus, Kapitalismus, Faschismus), und Begriffe wie „Nation" und „Staat", die Helenas Platz eingenommen hätten.

Simone entwickelt in diesem Artikel auch die These, daß das (illusorische) Prestige eng an die politische Gewalt gebunden sei, und die Gewalt wiederum an die Ordnung. „Wenn Priamus und Hektor Helena den Griechen zurückgegeben hätten, wären sie das Risiko eingegangen, ihnen den Wunsch einzugeben, eine Stadt zu verwüsten, die sichtlich schlecht auf Verteidigung eingestellt war; sie hätten auch einen allgemeinen Aufstand in Troja riskiert, nicht weil die Rückgabe Helenas die Trojaner aufgebracht hätte, sondern weil sie sie hätte denken lassen, daß die Männer, denen sie gehorchten, nicht so mächtig seien" (OC II, 3,64). Sich für den Frieden zu entscheiden, bedeute jedoch nicht, auf jeden Kampf zu verzichten. Es gehe darum, die Illusion des Prestiges aufzudecken, um das Risiko eines Krieges zu verringern.

Der Klassenkampf hingegen sei gerechtfertigt, wenn er eine Balance zwischen notwendigen gesellschaftlichen Kräften suche.

Simone Pètrement bemerkt, daß dieser Artikel der Ausdruck eines immer reicher, nuancierter und komplexer werdenden Denkens sei, das vom Begriff des Gleichgewichts bestimmt werde. Tatsächlich ist das politische und soziale Denken Simone Weils in den letzten Jahren durch die Idee des Ausgleichs bestimmt. Den Traum von der Revolution der Arbeiterklasse hat sie aufgegeben, der Gedanke an die Zusammenarbeit von Arbeitern und Unternehmern bestimmt ihr Denken; das politische System, in dem diese neue Art des Zusammenlebens sich entwickeln soll, wird unwichtig.

Unter den Kranken der Klinik befindet sich ein Medizinstudent, Jean Posternak. Mit ihm freundet sich Simone an. In seinem Zimmer hört sie mit Begeisterung die Brandenburgischen Konzerte von J.S. Bach. Die Kur hat im ganzen wenig Erfolg gehabt. Als sie zu Ende ist, fährt Simone am 23. April nach Italien.

Diese Reise nach Italien gehört zu den schönsten Lebenserfahrungen Simone Weils. Durch ihre Stationen Pallanza, Stresa, Mailand, Bologna, Ferrara, Ravenna, Florenz, Rom und Assisi weist sie sich als Bildungsreise aus. Bisher hat man den Eindruck gewinnen können, daß Simone sich nur mit beschwerlichen Dingen beschäftigt, die entweder viel Entsagung kosten oder sogar lebensgefährlich sind. Die Reise nach Italien aber zeigt, daß sie durchaus auch den schönen Seiten des Lebens zugeneigt ist.

In Mailand geht sie in die Scala und hört dort die Opern „Aida" von Verdi und „Der Liebestrank" von Donizetti. Sie verbringt Stunden vor dem „Abendmahl" von Leonardo da Vinci und glaubt, daß sie das Geheimnis dieses Bildes entschlüsselt habe. Sie schreibt an Posternak: „Es gibt einen Punkt im Haar Christi auf der rechten Seite, zu dem alle Geraden der Decke hinlaufen sowie die Linien, die zum Teil die Hände der Apostel verbinden. Diese Übereinstimmung (auf diskrete Weise durch den Fensterbogen betont, dessen Zentrum jener Punkt ist) existiert nur im zweidimensionalen Raum, den das Bild darstellt, nicht im dreidimensionalen Raum, den es vorstellt. Es gibt also eine doppelte Komposition (...); und das Auge wird von überall her zum Gesicht Christi durch einen geheimen Einfluß zurückgeführt, der dazu beiträgt, seiner Heiterkeit etwas Übernatürliches zu verleihen" (SP II, 144).

Simone denkt, daß Leonardo eine pythagoreische Weltanschauung hatte, weil für die Pythagoreer die Geometrie ein Mittel war, das Übernatürliche zu erfahren.

In Florenz besichtigt sie den Dom, der ihr aber nicht gefällt, San Lorenzo, Santa Maria Novella und die Kapelle der Medicis, wo Michelangelos „Morgendämmerung" und „Nacht" einen starken Eindruck auf sie hinterlassen. Sie sieht sich die Bilder Tizians und Botticellis in den Uffizien sowie das „Konzert" von Giorgione in der Galerie Pitti an, das sie am meisten schätzt.

Zu Pfingsten will sie in Rom sein, um dort geistliche Musik zu hören. Auf der Rückreise will sie aber noch einmal nach Florenz zurückkommen, denn, so schreibt sie an ihre Eltern, dort habe sie „in einem früheren Leben schon einmal gelebt“ (SP II, 147).

Am Tag nach ihrer Ankunft in Rom, hört sie die Pfingstmesse in Sankt Peter. Diese Art von Musik – der Knabenchor der Sixtinischen Kapelle hatte gesungen – ist für sie vollkommene Kunst. Sie schreibt an Jean Posternak, daß „nichts schöner als die Texte der katholischen Liturgie“ sei.

In den vatikanischen Museen hinterlassen die Bilder „Der heilige Hieronymus“ von da Vinci und „Christus“ von Brera einen unvergeßlichen Eindruck; die Fresken Raphaels schätzt sie weniger. Sie bewundert dafür um so mehr die griechischen Statuen wegen ihrer Reinheit.

Die nächste Station auf ihrer Reise ist die Heimat des heiligen Franz von Assisi. Dort läßt die wunderschöne Landschaft Umbriens sie Mailand, Rom und Florenz vergessen. In der Kapelle Santa Maria degli Angeli erfährt sie die zweite der drei wichtigen Berührungen mit dem Katholizismus. Sie schreibt später im Rückblick an Pater Perrin: „Im Jahre 1937 verbrachte ich zwei wunderbare Tage in Assisi. Als ich dort in der kleinen romanischen Kapelle aus dem zwölften Jahrhundert von Santa Maria degli Angeli, diesem unvergleichlichen Wunder an Reinheit, wo der heilige Franziskus so oft gebetet hat, allein war, zwang mich etwas, das stärker war als ich selbst, mich zum erstenmal in meinem Leben auf die Knie zu werfen“ (UG, 49).

Es wird deutlich, daß diese Italienreise die geistige und spirituelle Entwicklung Simones entscheidend gefördert hat. Die Begegnung mit christlicher Musik und Kunst, der Besuch zentraler Stätten des katholischen Glaubens haben ihr das Christentum näher gebracht. Das Erlebnis in Assisi schließlich läßt sie zum ersten Mal die Größe Gottes wahrnehmen; es ist die Erfahrung einer transzendenten Realität außerhalb ihrer selbst. Bisher war das Gottesbild Simone Weils das der Philosophen, es war ein nur gedachter Gott, der mit dem Leben des einzelnen nichts zu tun hat. Nun aber vollzieht sich der Kontakt mit Gott auf der Ebene der Erfahrung, und diese ist begleitet von einem ersten Akt des glaubenden Gehorsams.

Es ist auch zu beachten, daß das Moment der Reinheit hier eine bedeutsame Rolle spielt. Es stellt gewissermaßen ein Verbindungsglied zu Simones Kunsterleben und Kunstverständnis jener Zeit dar. Das Merkmal der Reinheit ist das Gütezeichen für gute Kunst. Diese hat sie in einigen italienischen Meisterwerken intensiv meditiert, so daß man sagen kann, die Begegnung mit der Reinheit der italienischen Kunst sei wegbereitend für die Gotteserfahrung Simones in Assisi.

Sie kehrt nach Florenz zurück, wo sie noch einmal die Kunstwerke besichtigt, die sie dort am meisten beeindruckt haben. Außerdem schaut sie sich die Opern „Die Hochzeit des Figaro" von W.A. Mozart und „L'Incoronazione di Poppea" von Monteverdi an, die sie beide begeistern. Am 16. Juni 1937 fährt sie wieder nach Frankreich zurück.

3.7. Saint-Quentin und zweite Reise nach Italien

Am 22. Juni 1936 trat die Regierung Léon Blums wegen der herrschenden Finanzkrise zurück; dieses politische Ereignis ist für Simone Weil der Anlaß, zwei Artikel zu schreiben, die sie jedoch nicht veröffentlicht: *Méditations sur un cadavre* und *Quelques réflexions concernant l'économie* (OC II, 2, 486–490). Zur selben Zeit schreibt sie auch den Artikel *Méditations sur l'obéissance et la liberté* (UF, 258–264). In diesem Artikel zeigt sie, daß die Anzahl der Menschen, politisch gesehen, nichts zähle, denn wenige herrschten über viele. Dieses Paradox sei dadurch zu erklären, daß eine Verbindung nur zwischen wenigen Menschen herstellbar sei, eine Masse hingegen bestehe nur aus vereinzelten Individuen. Daher müsse eine große Anzahl von Menschen als Schwäche angesehen werden. Dennoch zeige die Geschichte, daß es Ausnahmesituationen gebe und auch die Masse einen Willen zum Ausdruck bringen könne. Jedoch gingen diese Momente schnell vorbei, und die Masse gehorche aufs neue. Auch das Individuum könne nicht standhalten, denn selbst der Standhafteste könne das Bewußtsein eines inneren Wertes nicht bewahren, wenn dieses Bewußtsein nicht von außen gestützt werde. Simone zeigt sich in diesem Artikel sehr pessimistisch, was die gesellschaftliche Ordnung angeht. Sie sei schlecht, aber notwendig, daher dürfe man sie nicht abschaffen, aber auch nicht aufhören, gegen die Ungerechtigkeiten, die sie hervorbringe, zu kämpfen. Diese negative Einschätzung des Sozialen wird sich im weiteren Denken Simone Weils noch verschärfen.

Trotz dieser drei politischen Artikel denkt Simone Weil nun mehr an die Kunst, an die Poesie und an das Theater, da sie noch ganz unter dem Eindruck ihrer Italienreise steht und Heimweh nach diesem Land hat. Mit Marcel Moré und Jean Wahl schaut sie sich die „Elektra" von Jean Giraudoux an. Dieses Stück befriedigt sie jedoch nicht ganz; sie wünscht sich eine Elektra, die durch ihre Tugend und ihre Liebe der Gesellschaft einen Spiegel vorhält. Diese Elektra ähnelt einer Statue, von der Simone träumt. Eine Statue, die die Gerechtigkeit darstellt, so schreibt sie an Jean Posternak, „nackt, aufrecht, die Knie beugen sich vor Müdigkeit ein wenig (...), die Hände hinter dem Rücken in Ketten gelegt, – trotzdem mit einem heiteren Gesicht – einer Waage mit ungleichen Armen, aber mit gleichen Gewichten und eine Seite geneigt" (SP II, 163 f). Zu dieser Zeit versucht sie sich tatsächlich darin, einfache Statuen herzustellen. Wegen seines Stückes „Elektra" schreibt sie einen Brief an Jean Girau-

doux (den sie jedoch nie abschickt), in dem sie sein Stück vorsichtig kritisiert und Vorschläge für eine andere „Elektra“ macht.
Diese andere mögliche „Elektra“ hat sie nie geschrieben, dafür aber ein Gedicht *Prométhée* (P, 22ff), das sie an Paul Valéry schickt und um sein Urteil bittet. Er antwortet mit Kritik, aber auch mit großem Lob. Er lobt vor allem die Komposition dieses Gedichts, die nicht in der aus dem Thema sich ergebenden logischen Abfolge bestehe, sondern eine viel subtilere Qualität besitze. Im nächsten Jahr schickt Simone ihm ein anderes Gedicht, *A un jour*, (P, 25–30) das sie besser findet. Aber Valéry antwortet auf diesen Brief nicht.
Für das Schuljahr 1937/38 bekommt Simone die Stelle in Saint-Quentin, die sie sich schon seit langem gewünscht hat, weil diese Stadt einen hohen Arbeiteranteil aufweist und nicht weit von Paris gelegen ist. Bevor sie ihre neue Stelle antritt, schreibt sie, auf Bitte Detoefs, des Chefredakteurs der Zeitschrift „Nouveaux Cahiers“, einen Artikel mit dem Titel *La condition ouvrière* (FS, 243–248). Sie zeigt dort, daß die Länder, in denen die Lage der Arbeiterschaft sich gebessert habe, in bezug auf den internationalen Wettbewerb benachteiligt seien, und daß es daher notwendig sei, den sozialen Fortschritt eines Landes auf die anderen Länder auszuweiten. Dafür müsse es internationale Verträge geben, sonst sei der Fortschritt eines einzelnen Landes gefährdet.
In ihren Kursen am Mädchengymnasium in Saint-Quentin wendet Simone Weil dieselbe Methode wie in Bourges an; sie zieht wieder das lebendige Beispiel literarischer Werke philosophischen Abstraktionen vor. Sie liest mit ihren Schülerinnen z.B. „Le Colonel Chabert“ von Balzac und interpretiert seinen Satz „Diese Art von Demut entstellt die Bewegungen des Unglücklichen“, auf eigene Weise. Sie sagt, daß die spontane Reaktion angesichts des Unglücks die

Verachtung sei und daß die christliche Revolution darin bestanden habe, weder den Unglücklichen noch den Schwachen zu verachten. „Der Gott der Christen ist schwach" (SP II, 168). Die Gesellschaft nennt sie in Anlehnung an das Werk „Der Staat" von Platon „das große Tier"; sie ist der Meinung, daß der Einfluß der Gesellschaft auf den einzelnen schlecht sei.

Die Schulleiterin ist der Ansicht, daß Simones Unterricht die schwachen Schüler überfordere, auch der Inspektor der Akademie meint, daß sie zu wenig auf ihre Schülerinnen eingehe. Beide erkennen jedoch ihre intellektuellen und charakterlichen Qualitäten an.

In ihren kurzen Herbstferien besucht sie Amsterdam, um sich dort das Museum anzuschauen. Rembrandt ist einer der Künstler, der sie anspricht.

Einmal in der Woche fährt sie nach Paris, um an den Sitzungen der Gruppe um die Zeitschrift „Nouveaux Cahiers" teilzunehmen, der sie schon seit 1936 angehört. Es ist eine Gruppe ohne feste Doktrin, die versucht, verschiedene Probleme vorurteilsfrei und ohne Klassen- oder Parteigeist zu diskutieren. Zu ihrer Gründungszeit, 1934, war sie eine Zusammenkunft verschiedener Industrieller, die über notwendige soziale Reformen nachdachten. Im Frühling 1936 nahmen sie Kontakt zu Männern mit verschiedenen Berufen auf, von denen einige der sozialistischen Partei, andere einer Gewerkschaft angehörten oder anderweitig politisch engagiert waren. 1937 wurde dann die Revue „Nouveaux Cahiers" gegründet, um damit eine größere Öffentlichkeit anzusprechen. Für diese Zeitschrift schreibt Simone Weil mehrere Artikel in den Jahren 1936/37.

Ende 1937 oder Anfang 1938 schreibt Simone zwei bedeutende Fragmente, *Sur les contradictions du marxisme* (UF, 265–273) und *Examen critique des idées de révolution et de progrès* (UF, 251–257). Im ersten Artikel ist sie der Meinung, daß die marxistische Doktrin in sich Mängel und

Widersprüche aufweise, nicht nur angesichts der jüngeren Geschichte. Einen wichtigen Widerspruch sieht sie zwischen der marxistischen Theorie der Revolutionen (die sie fundiert findet) und dem Glauben Marx' an das baldige Kommen der Revolution des Proletariats. Die Autorin zeigt, daß es gar nicht zu einer Revolution kommen könne, weil die unterdrückerischen Apparate des Staates (Armee, Polizei, Bürokratie) erst verschwinden müßten, bevor eine Revolution ausbrechen könne. Da die Unterdrückung der Arbeiter ein Faktum sei, und diese nur ein Rädchen im Getriebe seien, könnten sie kaum Träger der Revolution sein. Wenn man von einer Veränderung der Arbeitersituation in den Betrieben ausgehe, von einer Veränderung der maschinellen Arbeit, der Technik und der Verwaltung, so könne diese Veränderung nur in einem langsamen Prozeß bestehen. Nun definiert Simone den Begriff „revolutionär" neu. Sie denunziert die utopische Erwartung einer künftigen Revolution. Revolutionär sein bedeute nicht, an einen zukünftigen Umsturz zu glauben, der die Gesellschaft so verändere, daß – wie nach den Ankündigungen des Evangeliums – die Letzten die Ersten sein würden, sondern tätig das Los der Unterdrückten zu erleichtern. Es handle sich daher um ein Ideal und nicht um eine Interpretation der Geschichte oder der gesellschaftlichen Struktur.

Die Kopfschmerzen werden immer stärker. Simone ist Mitte Januar 1938 gezwungen, um einen krankheitsbedingten Urlaub zu bitten, den sie immer wieder, auch für die nächsten beiden Schuljahre, verlängern muß. Sie wird nie wieder ihre Lehrtätigkeit in der Schule aufnehmen. Sie kehrt nach Paris zurück und wird trotz ihres kläglichen Gesundheitszustandes verstärkt in der Gruppe um die „Nouveaux Cahiers" aktiv. Sie arbeitet in der Kommission mit, die sich mit der Reform des Bildungswesens beschäftigt.

Gleichzeitig widmet sie sich jetzt zwei Problemen: der Unterdrückung der kolonisierten Völker und der Friedensfrage. Seit langem schon ist Simone eine Gegnerin des Kolonialismus. In ihrem Artikel *Ces membres palpitants de la patrie* (OC II, 3, 138–44) macht sie auf die Lage der algerischen Arbeiter in Frankreich aufmerksam und stellt eine Verbindung zwischen dem Problem der Kolonien und der Friedensfrage her. Sie vermutet, daß Hitler wegen der Kolonien den Krieg erklären könne und daß die Franzosen eines Tages gezwungen sein könnten, zur Verteidigung der Kolonien in den Krieg einzutreten.

In der Tat kommt es wenige Tage nach Erscheinen dieses Artikels in der Zeitschrift „Vigilance" am 10. März zum „Anschluß" Österreichs an das Deutsche Reich. Simone unterzeichnet sogleich, zusammen mit anderen antifaschistischen Intellektuellen, einen Aufruf, der einen Appell zur Aufnahme von Verhandlungen darstellt, um den drohenden Ausbruch des Krieges zu stoppen. Es ist möglich, daß Simone diesen Aufruf, der in der Zeitschrift „Feuilles libres de la quinzaine" vom 25. März erscheint, selbst verfaßt hat. Seit Beginn ihres Krankheitsurlaubs liest Simone viel, besucht Ausstellungen, geht ins Theater. Sie entdeckt den Autor Thomas Edward Lawrence (genannt Lawrence of Arabia) und Goya; im Theater sieht sie „Asmodée" von François Mauriac und „La Sauvage" von Jean Anouilh.

Zu Ostern fährt Simone mit ihrer Mutter für zehn Tage zur Abtei Solesmes, um gregorianische Gesänge zu hören. Dort erlebt sie die dritte der entscheidenden Berührungen mit dem Christentum, eine Art von Ekstase. An Pater Perrin schreibt sie später in ihrem berühmten autobiographischen Brief: „Im Jahre 1938 verbrachte ich zehn Tage in Solesmes, von Palmsonntag bis Osterdienstag, und wohnte allen Gottesdiensten bei. Ich hatte bohrende Kopfschmerzen; jeder Ton schmerzte mich wie ein Schlag; und da erlaubte mir eine äußerste Anstrengung der Aufmerksamkeit, aus diesem elenden Fleisch herauszutreten, es in seinen Winkel hingekauert allein leiden zu lassen und in der unerhörten Schönheit der Gesänge und Worte eine reine und vollkommene Freude zu finden. Diese Erfahrung hat mich auch durch Analogie besser verstehen lassen, wie es möglich sei, die göttliche Liebe durch das Unglück hindurch zu lieben. Ich brauche nicht eigens hinzuzufügen, daß im Verlauf dieser Gottesdienste der Gedanke an die Passion Christi ein für allemal in mich Eingang fand“ (UG, 49f).

In diesem Bericht werden die Elemente deutlich, die zu dieser ersten mystischen Erfahrung beigetragen haben: der Schmerz, aber auch die Schönheit, die absolute Aufmerksamkeit und die Reinheit. Es sind gleichzeitig Themen, die Simone später in ihrer mystischen Metaphysik entfaltet.

In Solesmes lernt sie auch den jungen Engländer John Vernon kennen, der ihr die Idee von einer übernatürlichen Kraft der Sakramente vermittelt, so sehr schien er von einem „engelhaften Glanz umkleidet“, wenn er von der Kommunion zurückkam. Er macht sie mit den englischen metaphysischen Dichtern des 17. Jahrhunderts bekannt. Als sie später einige Werke liest, entdeckt sie das Gedicht „Love“ von George Herbert. Wegen seiner Bedeutung für die Mystikerin Simone Weil sei es hier abgedruckt:

LIEBE

Liebe bot mir Willkomm; doch meine Seele schrak zurück,
In Schuld des Staubes, Schuld der Sünde.
Sie aber, flinken Augs merksam, wie ich träg
Den Fuß kaum von der Schwelle setzte,
Drang näher an mich, zärtlich fragend,
Ob mir etwas zu mangeln schien.

Ein Gast, gab ich zur Antwort, würdig dieses Orts.
Und Liebe sprach: Du sollst es sein.
Ich, der ich des Undanks, der Ungüte voll? Ach lieber Freund,

Der nicht dich anzuschaun vermag.
Liebe ergriff mich bei der Hand und sagte lächelnd:
Wer schuf die Augen, wenn nicht ich?

Zu wahr Herr, aber ich verdarb sie nur, laß meine Schande
Dort hingehen, wo sie es verdient.
Und weißt du nicht, spricht Liebe, wer den Tadel auf sich nahm?
Dann will ich, lieber Freund, dir dienen.
Du mußt, spricht Liebe, niedersitzen und mein Mahl genießen.

So setzte ich mich denn und aß. (UG, Anhang).

Dieses Gedicht hat eine unerhörte Wirkung auf Simone Weil: „Ich habe es auswendig gelernt. Oft, wenn meine heftigen Anfälle von Kopfschmerzen auf ihrem Höhepunkt waren, habe ich mich geübt, es herzusagen, indem ich meine ganze Aufmerksamkeit darauf versammelte und von ganzer Seele der Zärtlichkeit zustimmte, die es in sich schließt. Ich glaubte, nur ein schönes Gedicht zu sprechen, aber dieses Sprechen hatte, ohne daß ich es wußte, die Kraft eines Gebetes. Einmal, während ich es sprach, ist (...) Christus selbst herniedergestiegen und hat mich ergriffen" (UG, 50). Simone betont, daß es sich um eine echte und keine eingebildete Erfahrung gehandelt habe, weder die Sinne noch die Einbildungskraft seien daran beteiligt gewesen.
„In meinen Überlegungen über die Unlösbarkeit des Gottesproblems hatte ich diese Möglichkeit nicht vorausgesehen: die einer wirklichen Berührung, von Person zu Person, hienieden, zwischen dem menschlichen Wesen und Gott. Ich hatte wohl unbestimmt von dergleichen reden hören, aber ich hatte es niemals geglaubt. In den Fioretti waren mir die Geschichten von Erscheinungen eher zuwider, ebenso wie die Wunder im Evangelium. Im übrigen waren an dieser

meiner plötzlichen Übermächtigung durch Christus weder Sinne noch Einbildungskraft im geringsten beteiligt; ich empfand nur durch das Leiden hindurch die Gegenwart einer Liebe gleich jener, die man in dem Lächeln eines geliebten Antlitzes liest. Ich hatte nie irgendwelche Mystiker gelesen, weil ich niemals etwas gespürt hatte, das mir sie zu lesen befahl. Auch bei meiner Lektüre habe ich mich stets bemüht, den Gehorsam zu üben. Nichts ist dem geistigen Fortschritt förderlicher; denn ich lese soweit wie möglich nur das, wonach mich hungert, in dem Augenblick, wo mich hungert, und dann lese ich nicht, ich esse. Gott in seiner Barmherzigkeit hatte mich gehindert, die Mystiker zu lesen, damit mir unwiderleglich klar würde, daß ich diese unerwartete Berührung nicht aus Eigenem erdichtet hatte."

Dieses Zeugnis ist tatsächlich das Dokument einer echten mystischen Erfahrung. Für die Echtheit einer solchen Begegnung mit Gott gibt es zwei Kriterien: zum einen das Leben der betreffenden Person, zum anderen die Frage, ob diese Erfahrung die Person wirklich in ihren Tiefenschichten ergriffen hat. Was das erste Kriterium angeht, so besteht kein Zweifel, daß Simone Weil ihr Leben völlig in den Dienst des Nächsten und in den letzten Jahren auch in den Dienst Gottes gestellt hat. Sie hat ein Leben des völligen Selbstverzichts gelebt, der notwendig ist, um Gott begegnen zu können. Erst wenn das alltägliche Ich mit seinen Wünschen, Bedürfnissen und Abhängigkeiten gestorben ist, darin sind sich alle Mystiker einig, ist der Raum für Gott in der Seele geschaffen.

Zum zweiten Kriterium sagt Simone selbst kurz vor ihrem Tod über die mystische Erfahrung: „Eine solche Vereinigung ist eine reelle Operation. Wie ein junges Mädchen, nachdem sie einen Gatten oder einen Liebhaber gehabt hat, nicht mehr Jungfrau ist, genauso ist eine Seele, nachdem sie durch eine solche Vereinigung hindurchgegangen ist, für immer anders geworden. Das ist eine Transformation, die

das Gegenteil zu derjenigen darstellt, die sich ereignet hat, als die Kreaturen dem Teufel gefolgt sind“ (EL, 102).
Simone Weil spricht hier aus eigener Erfahrung. Es hat ein Prozeß stattgefunden, der ihre Person in ihrem tiefsten Kern verändert hat. Simone Pètrement berichtet, daß Simone nach ihrer Gotteserfahrung in Solesmes milder geworden sei (vgl. SP II, 297).
Im selben Jahr erscheint das Buch von Georges Bernanos, „Les Grands cimetières sous la lune“. Es handelt vom spanischen Bürgerkrieg, der immer noch andauert. Weil Bernanos auf der Insel Mallorca wohnt, konnte er das Vorgehen der Soldaten Francos gut beobachten. Da er ein katholischer Schriftsteller und Monarchieanhänger ist, hätte er mit den faschistischen Generälen sympathisieren können. Aber er verurteilt in seinem Buch das faschistische Terrorregime auf Mallorca und die große Anzahl von Hinrichtungen. Simone schreibt ihm, daß sie auf der Gegenseite dieselben Erfahrungen gemacht habe. Sie ist der Meinung, daß, sobald die politischen und geistlichen Autoritäten eine bestimmte Kategorie Menschen für vogelfrei erklärt hätten, es dem Menschen ganz natürlich erscheine, zu töten. Die nächsten Bemerkungen Simones zeigen die Unabhängigkeit ihres Urteils, das völlig frei von Parteigeist ist. Bernanos ist der einzige ihr bekannte Mensch, der die Atmosphäre des Bürgerkriegs erfahren und ihr widerstanden hat. Daher ist er, der Monarchist, ihr näher als ihre anarchistischen Kameraden im Bürgerkrieg. Sie bringt die Enttäuschung über die Gruppierungen der Gewerkschaft zum Ausdruck, die sie im Laufe ihres politischen Engagements erfahren mußte und bekennt, daß sie nicht katholisch sei, aber daß nichts Katholisches oder Christliches ihr jemals fremd vorgekommen sei. Wenn man an die Kirchentüren anschlagen würde, daß der Eintritt dem verboten ist, der über ein Einkommen verfügt, das eine gewisse, nicht sehr hohe Summe übersteigt, würde sie sofort zum Katholizismus konvertieren.

Am 22. Mai 1938 reist sie mit ihren Eltern wieder nach Italien. Diese fahren sofort nach Venedig, Simone hingegen möchte zuerst Florenz wiedersehen. Sie hört dort ein Konzert von Haydn, das sie mittelmäßig findet, sie besucht ein Stück der Commedia dell'arte und sieht die Fresken ihres geliebten Malers Giotto wieder. Dann trifft sie ihre Eltern entweder in Padua oder in Venedig wieder. Da Doktor Weil am 13. Juni wieder nach Frankreich zurückkehren muß, besichtigt Simone nur mit ihrer Mutter Venedig und Umgebung, bevor sie nach Asolo weiterfahren. Dort entdeckt Simone in der Kirche Sant'Angelo ein altes Fresko unter einem jüngeren durchschimmern. In der Stadt spricht sie verschiedene Persönlichkeiten auf dieses Fresko hin an und stellt fest, daß es nicht bekannt ist und daß sie es vermutlich entdeckt hat. Sie forscht im Archiv der Stadt nach und datiert es auf das 10. Jahrhundert, als die Magyaren die Stadt Asolo einnahmen. Sie schreibt einen kurzen Artikel über dieses Fresko, um die Aufmerksamkeit der Öffentlichkeit darauf zu lenken. Dieser erscheint aber erst lange nach ihrem Tod, im Jahre 1951. Die Forschungen von Cesare Fasola in diesem Jahr ergeben, daß es in dieser Kirche drei Farbschichten gebe und nicht zwei, wie Simone vermutet. Die älteste Farbschicht stammt auch erst aus dem 13. Jahrhundert, aus dem Baujahr der Kirche. Auch wenn die Hypothese Simones nicht zutrifft, hat sie doch als erste auf dieses Fresko aufmerksam gemacht.
Sie reist mit ihrer Mutter weiter nach Verona, wo sie die Oper „Nabucco" von Verdi sehen. In Tirol und in der Schweiz bleiben sie ein paar Wochen und kehren am 14. August nach Paris zurück.

4. Vorkriegszeit (1938–1939)

Am 30. September unterzeichnen Deutschland, Italien, Großbritannien und Frankreich das Münchner Abkommen, das die Abtretung des Sudetenlands an Deutschland zur Folge hat. Simone Weil billigt zwar diesen Vertrag, ist aber der Meinung, daß der Krieg nun nur verschoben worden sei. Ihrer gedrückten Stimmung verleiht sie Ausdruck in den beiden Artikeln *Désarroi de notre temps* und *Les nouvelles données du problème colonial dans l'Empire français* (OC II, 3, 145–151). Im letztgenannten Artikel stellt sie ihre Weitsichtigkeit unter Beweis. Sie warnt vor einem unkontrollierbaren Anwachsen des Nationalismus in den französischen Kolonien, wenn ihnen nicht die Autonomie gewährt werde.

In diesem Jahr quälen sie ihre Kopfschmerzen wie nie zuvor, besonders gegen Jahresende. Simone befürchtet, daß sie an einem Tumor leidet, und konsultiert den Tumorspezialisten Clovis Vincent. Sie hat den Verdacht, daß ihre Krankheit im Wahnsinn enden könnte. An ihren Freund Joë Bousquet schreibt sie rückblickend im Jahre 1942: „Jedoch ist ein Moment gekommen, in dem ich mich durch die Erschöpfung und die Verschlimmerung der Schmerzen von einem so schrecklichen Verfall bedroht gefühlt habe, daß ich mich wochenlang mit Schrecken gefragt habe, ob sterben für mich nicht die dringlichste Pflicht ist, obwohl es mir fürchterlich erschien, daß mein Leben im Schrecken enden sollte. Wie ich Ihnen erzählte, gab mir nur die Entscheidung, allein unter bestimmten Bedingungen und nach einer bestimmten Frist zu sterben, meine innere Ruhe zurück" (PSO, 80). Doktor Vincent findet den Ursprung der Kopfschmerzen nicht heraus und kann Simone folglich auch nicht behandeln. Vermutlich beruhigt diese Erfahrung Simone, da kein Tumor festgestellt wurde, und entmutigt sie gleichzeitig, so

daß sie keine weiteren Ärzte wegen ihrer Kopfschmerzen konsultiert.
Zu dieser Zeit hat Simone den Wunsch, in ein Bordell zu gehen. Sie möchte die Situation von Prostituierten kennenlernen, für die sie großes Mitleid empfindet. Sie bittet ihren Bekannten Dantu, mit ihr ein solches Etablissement zu besuchen. Um sich das Aussehen eines Mannes zu geben, zieht sie ihren Mechanikeranzug an und versteckt ihre Haare unter einer Baskenmütze. Ins erste Bordell, das sie aufsuchen, wird sie nicht hineingelassen, weil man sie für minderjährig hält. Im zweiten Bordell entdeckt eine Prostituierte das Geschlecht Simones, beschimpft und ohrfeigt sie. Die Leiterin des Etablissements greift ein, und Simone ist gezwungen, mit ihrem Bekannten ergebnislos zu verschwinden.
Seit Beginn ihres Krankheitsurlaubs im Januar 1938 liest Simone sehr viel. Man muß feststellen, daß sie vor allem Werke vergangener Zeiten liest, um aus ihnen Maßstäbe für die Gegenwart zu gewinnen: Schriften historischer Art (u.a. Herodot, Thukydides, Appian, Polybios, Diodor, Plutarch, Cäsar und Tacitus), Berichte und Chroniken (z.B. die Memoiren von Richelieu) sowie Poesie von u.a. Ovid, Juvenal, Plautus, Maurice Scève und Agrippa d'Aubigné. Sie liest noch einmal die Ilias, Aischylos und Sophokles, aber auch religiöse Werke, das Ägyptische Totenbuch und das Alte Testament. Was sie dort liest, schockiert sie zum Teil. Es sind nicht allein die Berichte von grausamen Kriegen und Gemetzel in den Geschichtsbüchern des Alten Testaments, die sie entsetzen, sondern vor allem die Tatsache, daß sie im Namen Gottes geschehen. Sie kritisiert das alttestamentliche Gottesbild; Jahwe ist für sie primär der „Gott der Heerscharen", der seinem Volk den barbarischen Krieg gegen andere Völker befehle, ein bloßer Stammesgott, der von seinem Volk zum Weltschöpfer hochstilisiert worden sei. Dieses Stammesideal trage irdische Züge, da es direkt ins

Weltgeschehen eingreife, er sei ein „Ego-Gott", ein Gott der Machtfülle. Der wahre Gott hingegen sei zwar allmächtig, habe aber auf seine Macht verzichtet. Er habe in gewisser Weise abgedankt, als er die Welt und die Menschen als autonome Wesen erschuf. Der wahre Gott ist nach Simone Weil abwesend von der Welt, er hat die Welt ihrer eigenen Ordnung, der „Notwendigkeit" überlassen. (C III, 210; 221f; ED, 11f). Die Notwendigkeit ist gewissermaßen eine Zwischeninstanz zwischen Gott und Welt, sie ist weder gut noch schlecht, sie existiert einfach. Es ist die Weltordnung, die auch Leiden und Unglück mit sich bringt. Die Aufgabe des Menschen ist es, in ihr den Willen Gottes zu erkennen und ihr zu gehorchen.

Simone Weil lehnt nicht alle Bücher des Alten Testaments ab, sie schätzt manche Psalmen, das Hohelied, Jesaja, einen Teil des Buches Ezechiel und der Weisheitsbücher, Daniel, Tobias und vor allem Hiob. Dennoch ist ihr Urteil über das Alte Testament bei aller berechtigten Kritik einseitig, denn sie nimmt nicht die positiven Züge des alttestamentlichen Gottesbildes wahr. Die Geschichte des Alten Bundes ist im wesentlichen eine Liebesgeschichte zwischen Gott und seinem Volk, die Geschichte Gottes, der sich immer wieder um sein Volk bemüht. Auch die Ablehnung des Attributs der Macht ist nicht generell zu befürworten, denn Macht ist nicht von vornherein etwas Negatives, erst die Art der Ausübung entscheidet über die Qualität der Macht. Versteht man Macht als Fähigkeit zu dienen, als Macht der Liebe, so wäre nichts gegen diese Eigenschaft Gottes einzuwenden.

Neben den Berichten von Grausamkeiten und neben dem Gottesbild lehnt Simone auch den Erwählungsglauben Israels ab. Mit diesem wird ihrer Meinung nach das Soziale, das Kollektiv, quasi vergöttlicht. Später, im Jahre 1942, schreibt sie: „Die Hebräer hatten einen Götzen, nicht aus Metall oder Holz, sondern ihr Götze war eine Rasse, eine

Nation, etwas nicht weniger Irdisches. Ihre Religion ist im wesentlichen nicht zu trennen von diesem Götzendienst, wegen dieser Vorstellung vom ‚auserwählten Volk'" (ED, 12).

Damit verkennt Simone Weil allerdings die identitätsstiftende Bedeutung des Erwählungsgedankens für das kleine Volk Israel, das sich jahrhundertelang in geistiger und kriegerischer Auseinandersetzung mit den Nachbarvölkern befand. Gleichfalls wird auch die Verbindung abgelehnt, die die Israeliten zwischen dem Leiden und der Strafe herstellten. Denn nach Ansicht Simone Weils beruht Leiden nicht unbedingt auf persönlicher Schuld.

Schließlich fehle den Juden der Glaube an die Inkarnation und damit die Vermittlung. Einem Monotheismus ohne Trinitätsglauben fehle das Beziehungsgeschehen, er verkünde ein geballtes göttliches Ich. Diese Einschätzung des Alten Testaments hat sicherlich seinen Grund in einer Verdrängung der eigenen jüdischen Identität.[12] Simone Weil ist nicht in der jüdischen Religion erzogen worden und hat sich auch nie als Jüdin verstanden.

Die Kritik des Alten Testaments teilt Simone mit den Gnostikern, die sie zu dieser Zeit kennenlernt und die eine große Anziehungskraft auf sie ausüben. Simone Pètrement, die gerade eine Doktorarbeit mit dem Thema „Le Dieu séparé" (Der getrennte Gott) vorbereitet und sich über dualistische Philosophien informiert, leiht ihr zu Beginn des Jahres 1939 den Band „Manichäische Homilien"[13]. Diese Lektüre ist der Beginn begrenzter Studien der Gnosis, die Simone Weil vermutlich erst 1940 fortsetzen wird.

Am 15. März 1939 marschiert Hitler in Prag ein. Damit wird die allgemeine Friedenshoffnung, die sich aus dem Münchner Abkommen ergeben hatte, enttäuscht. Für Simone Weil bedeutet dies, wie sie später in einem Brief an Jean Wahl schreibt, das Ende ihres entschiedenen Pazifismus. In ihrem Artikel *Réflexions en vue d'un bilan* (OC II, 3, 99–116)

bringt sie ihre Ansicht zum Ausdruck, daß man zwar Hitler stoppen müsse, dabei aber nicht auf Verhandlungen verzichten dürfe.
Am Ende des Frühjahrs bekommt Simone eine Rippenfellentzündung. Ihr Arzt verordnet ihr einen Aufenthalt in den Bergen. Sie fährt also mit ihren Eltern in die Schweiz und verbringt zwei Wochen in Genf, um den Prado zu sehen. Vor den Bildern von Velázquez meditiert sie stundenlang.

5. Das erste Kriegsjahr (1939–1940)

Eine Studentenrevolte wurde von den Deutschen in Prag niedergeschlagen. Simone ist darüber sehr bestürzt und entwirft einen Plan für einen Fallschirmabsprung von Truppen in der Tschechoslowakei. Sie denkt, daß man so einen Aufstand der Bevölkerung motivieren könne. Sie stellt dieses Projekt verschiedenen Persönlichkeiten vor und betont, daß sie fest entschlossen sei, daran teilzunehmen. Aber niemand interessiert sich für diesen Plan, vielleicht weil man Simone für eine Kommunistin hält und ihr deshalb kein Vertrauen entgegenbringt.

André Weil befindet sich seit April 1939 wegen wissenschaftlicher Arbeiten in Skandinavien. Als Frankreich in den Krieg eintritt, hält er sich mit seiner Frau Eveline, die er 1937 geheiratet hat, gerade in Finnland auf. Er ist seit langer Zeit entschieden, nicht an diesem Krieg teilzunehmen. Entsprechend der Lehre der Bhagawadgita denkt er, daß die Pflicht eine individuelle Angelegenheit sei und daß seine persönliche Pflicht darin bestehe, Mathematik zu betreiben und nicht in den Krieg zu ziehen. Er schickt Eveline nach Frankreich zurück und bleibt in Helsinki. Als Simone erfährt, daß ihr Bruder in Finnland bleiben will, macht sie sich Vorwürfe. Sie meint, daß sie für seine Entscheidung verantwortlich sei, weil sie ihn mit ihrem früheren radikalen Pazifismus beeinflußt habe.

Zwei große Artikel hat sie nun in Arbeit, und zwar *Quelques réflexions sur les origines de l'hitlérisme* und *L'Iliade, ou le poème de la force* (OC II, 3, 68–29; 227–253). Im erstgenannten Artikel geht es vorrangig um einen Vergleich des Römischen Reiches mit Hitlers Imperialismus, wobei allerdings sehr viel mehr von Rom die Rede ist als von Hitler. Simone stellt in der Einführung heraus, daß es nicht darum gehen könne, Deutschland zu vernichten, sondern vielmehr eine internationale Ordnung hergestellt werden müsse, die einen Krieg in Zukunft unmöglich mache. Dann beschreibt sie im ersten Teil des Artikels, in dem es um die Außenpolitik Roms geht, die Mittel, die die Römer anwandten, um eine große Anzahl von Völkern zu unterwerfen: z.B. die Rolle des Prestiges und der öffentlichen Meinung, deren Bedeutung sich die Römer sehr bewußt waren. Im zweiten Teil des Artikels geht es um die Innenpolitik Roms. Dieser Abschnitt passiert die Zensur nicht und kann folglich nicht veröffentlicht werden. Simone zeigt hier die negativen Wirkungen eines großen Reiches auf, die Unterdrückung von Kultur und Kreativität bei den unterworfenen Völkern. Lediglich die griechische Kultur sei nur zurückgedrängt, nicht aber ausgelöscht worden.

Das Christentum hätte ein Gegengewicht zur römischen Gewaltherrschaft darstellen können, jedoch sei das Römische Reich eine enge Bindung mit dieser Religion eingegangen und habe sie beschmutzt. Hinzu komme der schlechte Einfluß des Alten Testaments, so daß man feststellen müsse, daß das doppelte Erbe der hebräischen und römischen Tradition seit zweitausend Jahren in großem Ausmaß die göttliche Inspiration des Christentums ersticke. Auch die französische Kultur sei vom römischen Geist angesteckt worden, wie man an der Bewertung der Siegesehre bei Racine und Corneille sehen könne. Ludwig XIV. und Napoleon hätten auch die Vorgehensweisen der Römer nachgeahmt. (Wegen dieser letzten Bemerkungen ist dieser Teil des Artikels wohl von der Zensur abgelehnt worden). Um für die Zukunft die Macht und das imperialistische Streben eines Staates zu begrenzen, schlägt Simone eine übernationale Institution vor, welche die Bürger eines Landes vom Gehorsam ihrem Staat gegenüber dispensieren kann. Diese internationale Ordnung bedeute die Einrichtung eines gewissen Föderalismus zwischen den Nationen, den Simone Weil auch für die innerstaatliche Ordnung fordert. Man kann sich an dieser Stelle nur über die prophetische Weitsicht wundern, mit der Simone Weil die Gründung der UNO im Jahre 1949 zu ahnen scheint. Die Funktionen des Völkergremiums weichen dann aber in Teilen von der Vorstellung Simones ab.

Im Artikel *L'Iliade ou le poème de la force* geht es nicht um eine aktuelle politische Frage, sondern um das zeitlose Problem des Unglücks am Beispiel des Trojanischen Krieges. Die Autorin stellt nicht wie andere Interpreten der Ilias das Heldentum der handelnden Personen heraus, sondern im Gegenteil die Zärtlichkeit, die Menschlichkeit, die Liebe und die Gerechtigkeit, die im ganzen Epos zum Ausdruck kämen. Homer sei es gelungen, die Schwäche des menschlichen Wesens im Angesicht der Gewalt zu zeigen. Jeder sei von der Gewalt betroffen, sei es, daß er sie erleide, sei es, daß er sie ausübe. Daher dieser Ton der „unheilbaren Bitterkeit", den Simone in diesem Gedicht feststellt. Niemand, der der Gewalt auf irgendeine Art erliege, werde verachtet oder auf billige Weise bemitleidet. Der gleiche Umgang mit der Gewalt erweise sich auch in der frohen Botschaft des Neuen Testaments, das die letzte Ausdrucksgestalt des griechischen Geistes sei. Die Passionsgeschichte zeige, daß die Erfahrung des menschlichen Elends die Bedingung für die Gerechtigkeit und die Liebe darstellt.

Vermutlich in den letzten Monaten des Jahres 1939 liest Doktor Weil einen Artikel in einer medizinischen Zeitschrift über die chronische Stirnhöhlenentzündung und zeigt ihn Simone. Sie sind der Meinung, daß die beschriebenen Symptome auf Simones Leiden zutreffen und setzen sich mit dem Autor des Artikels in Verbindung. Simone beginnt eine von ihm empfohlene Behandlung, die aber bald unterbrochen werden muß, da der Arzt eingezogen wird. Diese Therapie lindert ihre Schmerzen, so daß sie in den letzten Jahren weniger leiden muß als zuvor.

Im Frühjahr 1940 liest Simone die Bhagawadgita. Diese ist

ein indisches Gedicht, ein Dialog zwischen dem Gott Krishna und Arjuna. Arjuna steckt in einem moralischen Dilemma: Er muß entscheiden, ob er gegen seine Brüder in den Krieg ziehen will. Der Gott Krishna legt ihm dar, daß dies seine Pflicht sei, er soll aber so handeln, daß sein Inneres von seinen Taten nicht berührt wird. Erst mit einem „ichfreien" Handeln erfüllt Arjuna das Weltgesetz und bleibt dabei rein.
Simone Weil befindet, daß der Geist der Gita dem christlichen sehr ähnlich sei. Die große Bedeutung der Bhagawadgita wird auch in ihren Briefen deutlich, in denen sie oft von Krishna spricht. Die Lehre der Gita ist auch von großer aktueller Bedeutung für sie in diesem ersten Jahr des Krieges: Arjunas Problem ist ihr Problem. Denn obgleich sie für den Krieg gegen Hitler ist, weiß sie doch um das Leiden zahlloser Menschen, das er zur Folge haben wird.
In dieser Zeit beginnt sie auch ihr einziges, leider unvollendet gebliebenes Theaterstück zu schreiben: *Venise sauvée* (P, 54–134).
André Weil wird in Finnland wegen Spionageverdacht festgenommen und ins Gefängnis gesteckt. Da man ihm nichts nachweisen kann, kehrt er über Schweden und England nach Frankreich zurück. Dort wird er wegen unbeugsamer Haltung zunächst in Le Havre, dann in Rouen inhaftiert. Familie Weil kann ihn nun besuchen. Simone schreibt ihm oft; ihre Briefe, in denen es vor allem um Mathematik und Philosophie geht, wurden im Band *Sur la Science* veröffentlicht. Sie zieht eine Verbindung zwischen der sozialen Unterdrückung und der höheren Mathematik, die dem einfachen Mann nicht zugänglich ist. Daher ist für sie die griechische Mathematik, die Geometrie, wegen ihres konkreten Charakters, der Algebra bei weitem vorzuziehen. Die Griechen hätten sich Simone Weil zufolge der Geometrie gewidmet, um analoge Strukturen zwischen dem menschlichen Geist und dem Universum herauszufinden, das mathemati-

schen Regeln unterworfen sei. Sie wollten Gott, den Schöpfer dieser Gesetze, imitieren. Die Mathematik werde so zu einem Weg der übernatürlichen Erkenntnis, wie sie später in den *Intuitions préchrétiennes* deutlich macht: „Der durch die Vermittlung zwischen irgendeiner Zahl und der Einheit geschaffene Begriff der wirklichen Zahl war Gegenstand in ebenso strengen, ebenso überzeugenden und gleichzeitig für die Vorstellung unbegreiflichen Demonstrationen wie bei der Arithmetik. Dieser Begriff zwingt die Intelligenz, Beziehungen sicher zu erfassen, zu deren Vorstellung sie unfähig ist. Das ist eine bewundernswerte Einführung in die Mysterien des Glaubens" (VS, 111).

Simone bewundert und teilt auch das Lebensgefühl der Griechen, nämlich daß das Leben leidvoll und der Mensch in dieser Welt im Exil sei. Weil die Griechen aber das Gesetz der „Notwendigkeit" annähmen, finde man bei ihnen nicht den Ton der Verzweiflung, sondern nur den der Bitterkeit. Simone, die auch die Stoiker sehr schätzt, teilt deren Ansicht, daß man auch in diesem Exil eine Heimat finden müsse. Platon, so schreibt sie an ihren Bruder, sei für sie ein Mystiker, denn er spreche zustimmend von den Ekstasen der Mysterienreligionen seiner Zeit.

Trotz der in ihren Briefen durchscheinenden Religiosität bemerkt ihr Bruder nicht die grundlegende Veränderung in Simones Denken. Erst in Amerika wird er die zentrale Bedeutung der Religion für ihre Weltsicht begreifen, und ihren Eltern wird sie erst in Marseille deutlich. André wird am 3. Mai 1940 zu fünf Jahren Gefängnis verurteilt. Er zieht es vor, Soldat zu werden, was die Aufschiebung seiner Gefängnisstrafe bis zum Kriegsende zur Folge hat.

Vermutlich entwirft Simone Weil in den ersten Monaten des Jahres 1940 ihr „Projekt einer Formation von Frontkrankenschwestern" (EL, 187–195). Simone denkt dabei an die, denen es am schlechtesten geht; es sind die Schwerverletzten an der Front, für die die Schnelligkeit medizinischer

Hilfe von lebenswichtiger Bedeutung ist. Auch der Gedanke an das einsame und qualvolle Sterben der Soldaten, deren Leben nicht mehr gerettet werden kann, ist ihr unerträglich. Sie will also die Bildung einer Gruppe von Frontkrankenschwestern anregen, die, unter Einsatz ihres eigenen Lebens, bereit sind, Verwundete und Sterbende direkt an der Front zu pflegen.

Wenn dieses Projekt auch eine fast anormale Aufopferungsbereitschaft bezeugt, denn Simone will natürlich an diesem Unternehmen teilnehmen, so geht es doch auch auf realistische Überlegungen zurück. Denn Simone weiß um die Rolle der Moral, des imaginären Heldentums, die Hitler sich durch die Aufstellung der SS und spezieller Fallschirmtruppen zunutze macht. Sie will also ein weibliches Gegengewicht bilden. „Unsere Feinde werden durch eine Götzenanbetung, einen Glaubensersatz vorwärtsgetrieben. Unser Sieg hat vielleicht die Präsenz einer analogen, aber authentischen und reinen Inspiration zur Voraussetzung“ (EL, 192).

Aber wird man Frauen finden, die zu einem solchen Einsatz fähig und bereit sind? „Frauen laufen immer Gefahr zu stören, wenn sie nicht ein gewisses Maß an kaltblütiger und männlicher Entscheidungskraft mitbringen, die sie davon abhält, sich unter welchen Bedingungen auch immer für jemand Wichtiges zu halten. Diese kaltblütige Entscheidungskraft verbunden mit der Zärtlichkeit, die die Hilfestellung bei den Leiden und Todeskämpfen erfordert, findet sich selten in ein und dem selben menschlichen Wesen. Aber, obgleich selten, ist dies nicht unauffindbar“ (EL, 195).

Diese Anforderung an die gewünschten Krankenschwestern ist gleichzeitig eine Selbstbeschreibung Simones. Ihr Lebensstil erfordert, daß sie nicht nur die klassischen weiblichen Eigenschaften wie z.B. Herzenswärme und Güte aufweist, sondern auch Charaktermerkmale, die vorrangig Männern zugeschrieben werden, wie Entschlossenheit und

Rationalität. Vielleicht ist dies ein Hinweis darauf, daß Simone in dieser Hinsicht ganzheitlich lebt und sowohl das Frausein als auch das Mannsein realisiert. In London wird sie dieses Projekt ihren Mitkämpfern in der Exilregierung vorstellen, aber es wird wenig Gegenliebe finden.
Der deutsche Angriff gegen Frankreich beginnt am 10. Mai 1940. Simone will nicht fliehen, weil sie hofft, daß Paris nicht eingenommen wird. An einem Nachmittag hört sie auf dem Opernplatz die Meinungen der Leute. Einige sagen, daß man nicht fliehen solle, weil die Deutschen keine Wilden seien und man sich mit ihnen arrangieren könne. Simone fragt sich, ob es nicht die Leute mit Rückgrat sind, die Paris verlassen.
Als am 13. Juni Simone und ihre Eltern etwas in der Stadt erledigen wollen, sehen sie in den Straßen Plakate, die anzeigen, daß Paris eine offene Stadt sei. Simone gibt dem Wunsch ihrer Eltern zu fliehen nach, und sie begeben sich direkt zum Lyonbahnhof. Der Bahnhof ist voller Leute, und es fährt auch nur noch ein Zug ab, der schon voll besetzt ist. Nach dem Zeugnis André Weils bedienen sie sich einer List und sagen dem Schaffner, daß Doktor Weil der begleitende Arzt des Zuges ist. So gelingt es ihnen, mit diesem Zug Paris zu verlassen. Am nächsten Tag marschieren die Deutschen in Paris ein.
Im Zug bereut Simone die Flucht, weil sie meint, daß man wenigstens die Umgebung von Paris verteidigen werde. Aber Madame Weil überzeugt sie davon, daß die Front sicherlich an der Loire gebildet werde. So stimmt Simone zu, wenigstens bis Nevers mitzufahren. Dort treffen sie die Familie Detoeuf und Boris Souvarine. Detoeuf vermittelt ihnen die Übernachtung bei einem Mehlhändler, der sein Haus verlassen hat. Ein Freund Andrés gibt ihnen Geld für den Notfall und warnt sie, daß die Deutschen bald da sein würden. Simone weigert sich aufs neue, Nevers zu verlassen, weil sie meint, daß man die Stadt verteidigen werde.

Die Deutschen kommen in der Nacht. Es gibt keine Zeitungen, und man sagt, daß es verboten sei, Radio zu hören. Das Gerücht verbreitet sich, daß ganz Frankreich besetzt sei. Familie Weil entschließt sich, zu Fuß nach Paris zurückzukehren. Auf der Straße treffen sie eine ehemalige Schülerin Simones aus Bourges. Bei ihr hört Simone trotz des Verbots Radio und erfährt, daß nicht ganz Frankreich besetzt sei. Sie wollen nun zu Fuß die freie Zone erreichen. Sie kaufen sich Körbe, um sich den Anschein von Bauern zu geben und gehen mehrere Kilometer. Auf der Straße treffen sie einen Werkstattinhaber, der sie am nächsten Tag nach Vichy bringt.

In Nevers beginnt Simone, auf dem Boden zu schlafen. Diese Angewohnheit wird sie bis zum Zeitpunkt ihrer Einlieferung ins Krankenhaus in London beibehalten. Ihren Eltern begründet sie dies damit, daß sie sich auf einen möglichen Dauerzustand vorbereiten will. Simone Pètrement hingegen meint, daß Simone die Lebensweise der Soldaten teilen und ihnen gegenüber auf Vorteile verzichten möchte (SP II, 273).

Es ist schon Anfang Juli, als sie in Vichy ankommen, der Stadt, in der Marschall Pétain seine Regierung einrichten wird. Simone ist voller Wut und Enttäuschung über die politische Entwicklung Frankreichs zu jener Zeit. Sie denkt, daß die Regierung Paul Reynaud nicht hätte zurücktreten sollen, daß das Parlament seine Macht hätte behalten müssen, und vor allem, daß Frankreich keinen Waffenstillstand mit den Deutschen hätte aushandeln dürfen. Man sieht, daß von ihrem früheren radikalen Pazifismus keine Rede mehr sein kann.

In der Wohnung der Familie Weil schreibt sie fast den ganzen Tag an ihrem Theaterstück *Venise sauvée*. Sie trifft auch ihren alten Freund, den Finanzinspektor Guindey. Sie bittet ihn, ihr Gedicht *A un jour* aus der Pariser Wohnung zu holen und es ihr mitzubringen, was er auch tut.

Sobald sie vom Waffenstillstand erfährt, ist Simone entschlossen, nach England zu gehen, um sich dort den französischen Antifaschisten anzuschließen. Aber damals konnte man nicht direkt nach England einreisen, man mußte dies über ein anderes Land tun. Sie meint, durch eine Stelle im Ausland oder in den Kolonien Frankreich verlassen zu können, und bewirbt sich beim Erziehungsministerium um eine solche Stelle. In der Zwischenzeit begibt sie sich mit ihren Eltern nach Toulouse, um aus Frankreich schneller wegzukommen. Dort verbringen sie Ende August bzw. Anfang September zwei Wochen. Von Toulouse aus schreibt sie einen Brief an Guindey, um ihn zu bitten, ihr Gedicht *A un jour* zu veröffentlichen sowie ihr „großes Werk“ *Réflexions sur les causes de la liberté et de l'oppression sociale* sicherzustellen. Dies zeigt die große Bedeutung, die sie diesem Text beimißt. Guindey holt ihn aus der Wohnung in Paris und gibt ihn nach dem Krieg den Eltern Simones zurück.

6. Marseille (1940–Mai 1942)

Marseille war damals der Sammelpunkt für alle, die Frankreich verlassen wollten. Ungefähr am 15. September 1940 kommen Simone und ihre Eltern dort an. Simone denkt daran, über Portugal nach Marokko auszureisen und bittet ihren Bekannten Hourcade, ihr ein Visum zu besorgen. Er erreicht jedoch nichts. Simone schreibt ihm einen Dankesbrief, der Aufschluß über ihre innere Verfassung gibt:
„Was ich für mich will, ist nicht, genau genommen, eine Entspannung. Wenn es sich nur darum handeln würde, hätte ich mir nicht erlaubt, Sie zu stören, ich hätte noch weniger daran gedacht, Sie mit Nachdruck um ihre Hilfe zu bitten. (...) Aber weder die Jahre noch die Krankheit haben mich so sehr verändert, so daß ich mein Wohlergehen und meine Behaglichkeit als eine Sache von geringster Bedeutung inmitten einer so unruhigen Zeit betrachte. Was ich suche, ist nicht, genau gesagt, eine Zuflucht. Oder wenn ich eine Zuflucht suche, handelt es sich um eine Zuflucht, die mich nicht gegen die Ereignisse, sondern gegen meine Phantasie beschützen kann. Meine Phantasie funktioniert immer auf eine für mich sehr unangenehme Weise. Der Gedanke an das Unglück und die Gefahren, an denen ich nicht teilhaben kann, erfüllt mich mit einer Mischung von Schrecken, Mitleid, Scham und Reue, die mir die ganze Freiheit des Geistes rauben; die Wahrnehmung der Realität befreit mich davon" (SP II, 283).
André Weil kommt im Herbst nach Marseille, und ihm gelingt es, seine Frau Eveline in die freie Zone nachkommen zu lassen. Im Januar fahren sie mit dem Schiff zuerst zu den Antillen, dann nach New York.
Simone bekommt eine Stelle am Mädchengymnasium in Constantine in Algerien, die sie am 1. Oktober 1940 antreten soll. Doch sie erhält die Nachricht des Erziehungsmini-

steriums nicht. So schreibt sie Ende Oktober oder im November einen Brief voller Ironie, in dem sie die Schwierigkeit aufzeigt, das Wort „Jude“ zu definieren:
„Ich habe vermutet, daß der ‚Judenstatut‘ genannte Text, den ich vor einiger Zeit in der Presse gelesen habe, vielleicht nicht ohne Bezug zu dem Ausbleiben der Antwort ist. Darum würde ich gerne wissen, wen dieser Text betrifft, damit ich auf diese Weise über meine eigene Situation aufgeklärt werde. Ich kenne die Definition des Wortes Jude nicht; dieser Punkt ist niemals Teil meines Studienprogramms gewesen. Der Text sagt wirklich, daß jeder, der drei jüdische Großeltern hat, als Jude angesehen wird; aber diese Aufklärung verschiebt diese Schwierigkeit nur um zwei vorherige Generationen.
Bezeichnet dieses Wort eine Religion? Ich bin niemals in eine Synagoge eingetreten und habe niemals eine jüdische religiöse Zeremonie gesehen. Was meine Großeltern angeht, erinnere ich mich, daß meine Großmutter väterlicherseits zur Synagoge ging; ich habe sagen hören, daß dies auch der Fall bei meinem Großvater väterlicherseits war; ich weiß, daß die Eltern meiner Mutter Freidenker waren. Wenn es um die Religion der Großeltern geht, habe ich nur, so scheint es, zwei jüdische Großeltern gehabt, was mich außerhalb der Reichweite des Statuts versetzen würde.
Bezeichnet dieses Wort eine Rasse? Dann habe ich keinen Grund anzunehmen, daß ich irgendeine Verbindung (...) zu dem Volk habe, das vor zweitausend Jahren Palästina bewohnte. Übrigens, wenn man bei Josephus sieht, wie Titus dieses Volk ausgelöscht hat, kann man kaum glauben, daß er viele Nachkommen übriggelassen hat. (...) Vielleicht muß man das Judenstatut auf meine Großeltern selbst anwenden und erfahren, ob jeder von ihnen wenigstens drei Großeltern jüdischer Religion hat? Es erscheint mir sehr schwierig zu sein, sichere Informationen über diesen Punkt zu bekommen.

Zudem versteht man die Vererbung einer Rasse, aber man versteht kaum die Vererbung einer Religion. Was mich angeht, die keine Religion praktiziert und niemals praktiziert hat, so habe ich sicherlich nichts von der jüdischen Religion geerbt. Ich habe beinahe gelernt, in den Werken der Schriftsteller des 17. Jahrhunderts zu lesen, von Racine, von Pascal, und wurde davon in einem Alter beeinflußt, in dem ich noch nichts von Juden gehört hatte; wenn es eine religiöse Tradition gibt, die ich als mein Erbe bezeichne, so ist es die katholische Tradition.
Die christliche, französische, griechische Tradition ist die meine; die hebräische Tradition ist mir fremd; kein Gesetzestext kann dies ändern. Wenn jedoch das Gesetz verlangt, daß ich den Begriff ‚Jude', dessen Sinn ich nicht kenne, als ein mir zuzuschreibendes Adjektiv betrachten muß, bin ich geneigt, mich dem wie jedem wie immer auch gearteten Gesetz zu unterwerfen. Aber dann wünsche ich darüber auf offizielle Weise informiert zu werden, da ich meinerseits über kein Kriterium verfüge, das diese Frage lösen kann." (SP II, 289–291)

In diesem Brief zeigt sie sich nicht unsolidarisch mit den zu dieser Zeit diskriminierten Juden, da sie ja im Gegenteil die Unschärfe des Antisemitismus klarmacht. Wenn sie sich an einigen Stellen ihres Werks gegen das Judentum ausspricht, dann handelt es sich keineswegs um einen rassistischen Antisemitismus, sondern um einen Antijudaismus, der zum einen auf ihrer Unkenntnis der jüdischen Religion beruht und zum anderen seinen Ursprung in der Verdrängung ihrer jüdischen Identität hat.

Die Zeitschrift „Cahiers du Sud" war das wichtigste literarische Magazin in der freien Zone und wurde in Marseille veröffentlicht. Simones Artikel über die Ilias erscheint dort im Dezember 1940 und im Januar 1941 unter dem Pseudonym Emile Novis, ein Anagramm ihres Namens. Am Sitz der Zeitschrift lernt sie mehrere Dichter kennen, z.B. Jean

Tortel und Jean Lambert. Auch Gilbert Kahn, einen ehemaligen Schulkameraden vom Henry-IV-Gymnasium, trifft sie in Marseille wieder. Weihnachten 1940 macht sie die Bekanntschaft von Pierre und Hélène Honnorat. Er ist Mathematiker und ehemaliger Schulkollege Andrés von der Ecole Normale. Seine Schwester Hélène lehrt am Mädchengymnasium in Marseille und ist gläubige Katholikin. Simone bekennt ihr: „Ich stehe dem Katholizismus so nah wie möglich, ohne jedoch katholisch zu sein." Hélène führt sie in die katholischen Kreise Marseilles ein, durch sie lernt Simone den Dominikanerpater Perrin kennen.

Anfang 1941 trifft sie auch René Daumal wieder, den sie von der Ecole Normale her noch kennt. Daumal, der schon seit langem die heilige Sprache Indiens, das Sanskrit, studiert, leiht ihr Notizen über die Grammatik dieser Sprache und eine von ihm handgeschriebene Bhagawadgita.

Ballard, der Direktor der „Cahiers du Sud", möchte eine Spezialausgabe zum Thema „Das Genie Okzitaniens" herausgeben. Simone begeistert sich für dieses Unternehmen und beginnt, sich mit dem Katharismus zu beschäftigen. Ballard leiht ihr eine Broschüre von Déodat Roché mit dem Titel „Le Catharisme". Am 23. Januar 1941 schreibt Simone dem Autor (PSO, 63–67). Sie teilt ihm mit, daß sie sich seit langem schon von den Katharern angezogen fühle, und zwar vor allem wegen ihrer Ablehnung des Alten Testaments. Sie denkt, daß der Katharismus „der letzte lebendige Ausdruck der vorrömischen Antike" in Europa sei. Vor dem Römischen Reich habe es einen Denkstrom unter verschiedenen Formen in den Mysterien und initiatischen Sekten Ägyptens, Thrakiens, Griechenlands und Persiens gegeben. Es handle sich um ein Denken, das Platon am vollkommensten zum Ausdruck gebracht habe. Daraus sei auch das Christentum hervorgegangen, aber „die Gnostiker, die Manichäer, die Katharer scheinen die einzigen zu sein, die ihm wirklich treu geblieben sind".

Mit diesem „Denkstrom" meint Simone Weil zweierlei. Zum einen unterscheidet sie implizit mystische von traditionellen Religionsformen. Die mystische Strömung sei die wahre Religion, da sie dem Übernatürlichen näher komme als die konventionelle. Zum anderen geht es ihr um ein Christentum, in dem das jüdische Erbe zugunsten des griechischen, platonischen geschmälert ist. Ein solches Christentum habe nicht das Bild eines in die Welt eingreifenden mächtigen Gottes, sondern der Platonischen Unterscheidung von Notwendigkeit und dem absolut Guten zufolge den Glauben an die radikale Geschiedenheit von Gott und Welt. Wenn die Welt vom Leiden und der Gewalt beherrscht sei, wie man am Kreuz Christi ablesen könne, so könne Gott, der das Gute sei, nur jenseits dieser Welt existieren. Wenngleich Simones Weltsicht wegen ihrer Theorie von der Schönheit der Welt nicht so negativ ist wie die der Gnostiker, so stimmt sie doch mit ihnen in diesem Punkt überein und spricht von der Abwesenheit, vom Rückzug Gottes von und aus der Welt.

In dem Band *Schwerkraft und Gnade*, der eine Zusammenstellung verschiedener Aphorismen und Meditationen aus den Tagebüchern Simone Weils darstellt, findet sich folgender paradoxer Ausspruch: „Gott kann in der Schöpfung nicht anders anwesend sein als unter der Form der Abwesenheit" (SWG, 150).

Zu dieser Zeit vernachlässigt Simone auch ihr soziales Engagement nicht. Sie gibt einen Teil ihrer Lebensmittelkarten an ein Indochinesenlager und schreibt Briefe an ein Ministerium in Vichy, um auf die Situation in diesem Lager aufmerksam zu machen. Ebenso schreibt sie an Admiral Leahy, den Botschafter der Vereinigten Staaten in Vichy, um gegen die Zustände in einem Asylantenlager zu protestieren. Auch mit einem Insassen dieses Lagers, dem Spanier Antonio, beginnt sie eine Korrespondenz, da er völlig auf sich allein gestellt ist.

Am 30. März hält die christliche Arbeiterjugend (Jeunesse ouvrière chrétienne; abgekürzt J.O.C.) zwei Versammlungen ab, von denen Simone mindestens einer beiwohnt. Darüber schreibt sie für die „Cahiers du Sud“ den Artikel *A propos des jocistes*, der im April 1941 erscheint. Darin zeigt sie sich begeistert von dieser Bewegung:
„Man findet dort keinen Kollektivrausch, keine magnetischen Wirkungen, keine Parolen, keine Machtbesessenheit, keine Schmeichelei in bezug auf die Jugend. Es ist der reine Arbeitergeist, der ohne fremde Beimischung in der J.O.C. zu Ausdruck kommt. Um Politik geht es nicht, und um Religion nur in ihrer Sprache. Diese kleinen Jungen haben gespürt, daß die Materie selbst, über das wirtschaftliche System und die Chefs hinaus, sie niederdrückt, sie jeden Tag beugt. (...) In der Fabrik drückt die Materie ohne Unterlaß die Körper und die Gedanken nieder und zwingt fast unausweichlich dazu, abzusteigen. Sie sind mehr als andere der Materie unterworfen; aber sobald sie sich ihrer selbst bewußt werden, spüren sie mehr als andere, daß sie ihr unterworfen sind“ (SP II, 315).
Dieser Briefauszug zeigt zum einen deutlich den Dualismus von Geist und Materie im Denken Simone Weils, die immer Platonikerin und Cartesianerin geblieben ist. Zum anderen ist er ein typisches Beispiel für die Sprache der Autorin, die sich häufig physikalischer Ausdrücke wie „Schwerkraft“ oder „Hebel“ bedient.
Die Gesellschaft für philosophische Studien in Marseille läßt Vorträge abhalten, von denen Simone besonders zwei interessieren: ein Vortrag von Marcel Brion über Malerei und Philosophie in China und einer von Lucien Cornil über Hippokrates. Der Präsident dieser Gesellschaft, Gaston Berger, bestreitet die Verteidigung seiner Doktorarbeit in Aix, der Simone beiwohnt. Über diese drei Themen schreibt Simone einen Artikel mit dem Titel *La Philosophie*, der im Mai 1941 in den „Cahiers du Sud“ erscheint. An dieser Stelle

sollen nur die philosophischen Aussagen Simones kurz skizziert werden. Die Philosophie des Ostens sei uns nahe. Die taoistischen Aussagen erinnerten uns an Heraklit, Protagoras, Platon, die Kyniker, die Stoa, das Christentum und Jean-Jacques Rousseau. Auch die griechische Philosophie und Wissenschaft seien uns näher als wir glauben.

„Bei den Griechen trägt alles, Heldenlied, Drama, Architektur, Skulptur, Konzeption des Universums und der Naturgesetze, Astronomie, Mechanik, Physik, Politik, Medizin, die Idee der Tugend, den Begriff des Gleichgewichts in sich, den die Proportion begleitet" (SP II, 318).

Im folgenden unterscheidet die Autorin zwei Arten von Philosophie: die Systemphilosophien und die Philosophien, die zur Platonischen Tradition gehören und die auf das Heil ausgerichtet sind. Letztere sei die wahre Philosophie.

In dem Text *Quelques réflexions autour de la notion de la valeur* entwickelt sie diese Philosophiekonzeption weiter. Dort sagt sie, daß jede Philosophie auf einen Wert hin orientiert sei und daß der oberste Wert nur die Loslösung sein könne. Philosophie bestehe also nicht etwa im denkerischen Bemühen, Wirklichkeit zu erfassen, sondern in einer grundlegenden Veränderung der Orientierung der Seele. In diesem Text äußert Simone Weil auch ihre Ansicht, daß es eine „ewige Philosophie", eine philosophia perennis, gebe, zu der sie Platon, die Bhagawadgita, ägyptische und chinesische Texte sowie Descartes, Kant, Lagneau, Alain und Husserl zählt.

Zu dieser Zeit schreibt Simone auch den Artikel *Essai sur la notion de la lecture*, in dem es um die Möglichkeit der Erkenntnis der uns umgebenden Dinge geht. Diese seien Zeichen für uns und das, was wir in ihnen lesen. Ihre Wirklichkeit komme sowohl aus uns als auch aus den Dingen. Dieser Gegensatz könne nicht aufgelöst, sondern nur betrachtet werden, und diese Meditation bringe uns dem Übernatürlichen näher.

Der Dichter Jean Tortel bringt Simone mit einem Widerstandskreis in Verbindung. Dieser Kreis wird bald entdeckt, und Simone wird mehrmals zum Polizeipräsidium vorgeladen. Jedesmal rechnet sie mit ihrer Inhaftierung, jedoch verhält sie sich bei den Verhören so geschickt, daß man sie immer wieder laufen läßt.

Durch die Vermittlung Hélène Honnorats lernt Simone den nahezu blinden Dominikanerpater Perrin kennen, mit dem sie vor allem über die Frage nach der Taufe spricht. Pater Jean-Marie Perrin war und blieb bis heute trotz seiner Blindheit sehr aktiv: Autor von 23 Büchern, geistlicher Betreuer der bäuerlichen und studentischen Jugend, Prior des Dominikanerklosters in Montpellier. Aus ihren späteren Briefen an Pater Perrin (in UG veröffentlicht) und auch aus ihrem großen Brief an Pater Couturier (ED) aus dem Jahre 1942 geht hervor, daß Simones Entscheidung gegen den formellen Eintritt in die katholische Kirche durch die Taufe mehrfach begründet ist. Ein Grund liegt in ihrer Ablehnung eines Teils der heiligen Schriften der Kirche, des Alten Testaments, sowie des Römischen Reiches, dem die Hierarchie der Kirche ihrer Meinung zufolge nachgebildet ist. Einen weiteren Grund sieht sie im Totalitarismus der Kirche, der in den beiden Wörtern „anathema sit“ (er sei ausgeschlossen) zum Ausdruck kommt:

„Ich möchte Ihr Augenmerk auf einen Punkt lenken. Daß es nämlich ein absolut unübersteigbares Hindernis für die Inkarnation des Christentums gibt. Dies ist der Gebrauch der beiden kleinen Wörter *anathema sit*. Nicht ihr Vorhandensein, sondern ihr Gebrauch, den man bisher davon gemacht hat. Auch dies ist es, was mich hindert, die Schwelle der Kirche zu überschreiten. Ich bleibe auf seiten aller Dinge, die nicht in die Kirche eintreten können, die in die Kirche, dieses universale Haus der Aufnahme, keine Aufnahme finden können, auf Grund dieser beiden kleinen Wörter“ (UG, 62).

Diese Art von Machtausübung der Kirche schränke die individuelle Freiheit des Denkens ein. Auch hier kommt die Ablehnung des Gesellschaftlichen durch Simone Weil zum Tragen, das fast immer eine negative Auswirkung auf die geistige Unabhängigkeit des Individuums habe.
Der dritte Aspekt ihrer Kirchenkritik betrifft die Weigerung der Kirche zu dieser Zeit vor dem Zweiten Vatikanischen Konzil, die übernatürliche Wahrheit in anderen Religionen, der ägyptischen, hinduistischen, buddhistischen und gnostischen Tradition, anzuerkennen. Dies kommt 1942 in dem in New York entstandenen Brief an Pater Couturier zum Ausdruck: „Die in Indien, Griechenland, China usw. geübte Kontemplation ist ebenso übernatürlich wie die der christlichen Mystiker. Eine große Verwandtschaft besteht da insbesondere zwischen Plato und etwa dem heiligen Johannes vom Kreuz. Auch zwischen den indischen Upanischaden und dem heiligen Johannes vom Kreuz. Auch der Taoismus steht der christlichen Mystik sehr nahe“ (ED, 38f).
Simone betrachtet es als ihre Berufung, auf der Schwelle der Kirche zu bleiben. Sie hat das Gefühl, daß es der Wille Gottes sei, daß sie sich nicht taufen lasse, obwohl sie den zentralen Dogmen der Kirche, z.B. Menschwerdung, Dreifaltigkeit, Kreuzigung und Auferstehung Christi zustimme. Sie ist aber nach dem Zeugnis des Doktor Bercher sehr an der Frage interessiert, ob man nach dem Glauben der Kirche das Heil auch außerhalb der Kirche erlangen könne. Diese Frage wurde auch schon vor dem letzten Konzil positiv beantwortet, vorausgesetzt, man ist ohne Schuld nicht in der Kirche. Letztlich hat Simone die Taufe niemals vollkommen ausgeschlossen; vor allem für den Moment des Sterbens, wenn das Bewußtsein verlischt, hat sie diese Möglichkeit eingeräumt. So sehr Simone hinter ihrer Entscheidung steht, nicht in die Kirche einzutreten, so sehr leidet sie aber auch daran, nicht am sakramentalen Leben der Kirche, vor allem an der Eucharistie, teilnehmen zu können.

Schon lange verfolgt Simone den Plan, auf dem Land zu arbeiten. Durch die Vermittlung von Pater Perrin bekommt sie die Zusage, auf dem Bauernhof von Gustave Thibon arbeiten zu können. Am 7. August 1941 verläßt sie Marseille, um den im katholischen Glauben verwurzelten Philosophen auf seinem Hof in Saint-Marcel in der Ardèche zu treffen.
Sie fährt über Avignon, weil sie sich die Fresken im Papstpalast ansehen will. Thibon holt sie in Avignon ab. In seinem gemeinsam mit Pater Perrin verfaßten Erinnerungsbuch „Wir kannten Simone Weil" schreibt er über dieses erste Zusammentreffen:
„Ich will nicht von ihrem Aussehen sprechen. Sie war keineswegs häßlich, wie man gesagt hat, aber vorzeitig gebeugt und gealtert durch ihre strenge Lebensweise und ihre Krankheit, nur die wunderbaren Augen hatten den Schiffbruch ihrer Schönheit überlebt. Will auch nicht reden von ihrer ganz unwahrscheinlichen Kleidung und dem Gepäck, ihre königliche Ahnungslosigkeit wußte nicht nur nichts von den Regeln der weiblichen Eleganz, sondern nicht einmal etwas von jener selbstverständlichen Kunst der Unauffälligkeit. Aber das muß gesagt werden, daß dieser erste Kontakt in mir Gefühle hervorrief, die, wenn sie auch mit Antipathie nicht das geringste zu tun hatten, dennoch ebenso peinlich waren wie diese. Ich hatte den Eindruck, einem Menschen gegenüber zu stehen, der für meine Fühl- und Denkweise, für alles, was mir Sinn und Saft des Lebens bedeutet, einfach abgeriegelt ist. Mit einem Wort, das war die Offenbarung meiner Antipoden: ich fand mich vor einer neuen Erde und unbekannten Sternen und war heimatlos. Ich wußte noch nicht, daß, wenn uns auch nicht dieselben Sterne führten, unsere Seelen sich doch im selben Himmel trafen. Mein einziger positiver Eindruck war eine bedingungslose Hochachtung für ein Wesen, dessen einzigartige Größe ich durch alle geistige und gemütshafte Andersartig-

keit hindurch dunkel ahnte. Dies Gefühl verstärkte sich noch, als ich, nach einer kurzen Unterbrechung durch einen Besucher, sie vor dem Hause wiederfand, wie sie auf einem Baumstumpf sitzend in die Betrachtung des Rhônetals versunken war. Ich sah da ihr Auge aus den Tiefen der Vision langsam zum physischen Anblick zurückkehren; eine solche Reinheit und Intensität war in ihm, daß man spürte, sie umfaßte innerliche Abgründe zugleich mit dem gewaltigen Horizont zu ihren Füßen, und es müsse der zarten Majestät der Landschaft die Schönheit ihrer Seele entsprechen."[14]

Er ist der Ansicht, daß Simone losgelöst ist, jedoch nicht losgelöst von ihrer Loslösung. „Im Maße, wie sie sich verachtet, vergißt Simone, sich zu vergessen. Ihre Demut ist von einem negativen Egoismus inspiriert, sie stellt ihr Ich im Hohlbild dar, wie der Stolze das seinige im Relief herausarbeitet. Besser wäre es, die Selbstdarstellung wäre wie eine glatte Fläche, und man käme ohne Fall oder Anstoß darüber hinweg."[15]

Als Simone das Haus der Familie Thibon zu komfortabel findet und unter freiem Himmel schlafen möchte, kommt es zu einer ersten Auseinandersetzung mit Thibon. Man einigt sich schließlich darauf, daß Simone das kleine, halbverfallene Haus der Schwiegereltern Thibons am Rhôneufer bezieht. In diesem Haus ist Simone sehr glücklich und nennt es „mein Märchenhaus". Sie bemerkt bald, daß sie als Freundin und nicht als Arbeiterin angesehen wird. Trotzdem erreicht sie, daß Thibon sie in die Landarbeit einführt, und sie versucht, sich im Haushalt nützlich zu machen. Hier wie dort erweist sich ihre manuelle Ungeschicklichkeit als Handicap. Bei den Mahlzeiten weist sie die Nahrungsmittel zurück, die den Städtern fehlen. An anderen Tagen ernährt sie sich von wilden Früchten, die sie in der freien Natur findet. Die kriegsbedingte Rationierung von Lebensmitteln respektiert sie; mit Entrüstung weist sie einen Bäcker zurück, der ihr ein Brot ohne Lebensmittelkarte geben will.

Am Abend studiert sie mit Thibon Platon im Originaltext, da Thibon, ein Autodidakt, das Griechische nicht so gut beherrscht wie sie. Er äußert sich in seinem Buch sehr positiv über Simones pädagogische Fähigkeiten.
Trotz mancher Unterschiede, z.B. im Hinblick auf die politische Einstellung oder die Beurteilung verschiedener Autoren und Philosophen, entsteht zwischen ihnen eine tiefe Freundschaft.
Auch wenn das Zusammensein mit Simone durch ihre Art, immer offen ihre Meinung zu sagen, manchmal schwierig ist, so ist der Austausch mit ihr doch reizvoll durch ihre Art zu scherzen, ohne den Ton zu verfehlen, durch ihre niemals verletzende Ironie und durch das Ausmaß ihrer Gelehrsamkeit.
Es ist Thibon, der ihr die Werke des Mystikers Johannes vom Kreuz leiht. Wie man an den Tagebüchern ablesen kann, ist es neben den Schriften Katharinas von Siena und den Upanischaden diese Lektüre, die ihr hilft, ihre eigene Mystik zu entfalten. Sie nimmt vor allem den zentralen Begriff der „dunklen Nacht" des Johannes vom Kreuz auf, der die Überwindung der natürlichen Abhängigkeiten des Menschen sowie der Vernunft zugunsten einer inneren Leere, einer radikalen Offenheit für Gott, meint.
Sie schreibt an Simone Pètrement: „Ohne den Horror des Unglücks, das momentan so viele Teile der Erde überzieht, würde mir die aktuelle Situation, was mich ganz persönlich angeht, ganz gut passen. Die Regierung meines Landes könnte mir keinen größeren Gefallen tun als mir die intellektuellen Berufe zu verbieten und so für mich aus dem Denken einen Luxus machen, was es auch sein sollte. Seit meiner Jugend dachte ich an die Hochzeit des heiligen Franz mit der Armut, aber ich fühlte, daß ich mich nicht darum bemühen sollte, weil sie eines Tages kommen und sich mir aufzwingen würde und daß es so besser wäre..." (SP II, 364).

Bevor sie die Arbeit in der Weinlese aufnimmt, verbringt Simone mit ihren Eltern und dem Ehepaar Daumal zehn Tage in Le Poët in den französischen Alpen. Dort trifft sie zum letzten Mal ihre Freundin Simone Pètrement. Diese bemerkt in ihrer Biographie, daß Simone zwar ihren Humor nicht verloren habe, aber eine gewisse Trauer durchscheine, wenn sie zum Beispiel über ihre Müdigkeit scherze. Außerdem sei sie viel sanfter und heiterer geworden. Sie erzählt Simone Pètrement von den Upanischaden und dem Taoteking von Laotse; sie hat vor, eine Sammlung von Texten antiker Klassiker, orientalischer Texte und Märchen zu veröffentlichen; ihre Kommentare sollen die Übereinstimmung vieler religiöser und philosophischer Traditionen zeigen.
Sie teilt ihrer späteren Biographin auch mit, daß sie ein Projekt im Bereich der Biologie verfolge: Sie will herausfinden, ob es menschlichen Wesen nicht möglich sei, ohne Essen zu leben, ob man sich lediglich von Sonnenlicht und einigen Mineralien ernähren könne. Dieses absurde Vorhaben ist vielleicht als Anzeichen für eine latente Magersucht Simone Weils zu werten.
Von Le Poët aus schreibt Simone ihrem Bruder André. Er versuchte in Amerika, Visa für seine Eltern und seine Schwester zu bekommen. In ihrem Brief teilt Simone ihm verschlüsselt mit, daß sie zögere, nach Amerika zu fahren, da sie sich nicht sicher sei, ob sie von dort aus nach England ausreisen könne. Sie plant ja, von England aus im Rahmen einer Fallschirmaktion am Krieg in Frankreich teilzunehmen. Außerdem denkt sie noch an ihr Projekt einer Gruppe von Frontkrankenschwestern, das sie eventuell eher realisieren kann, wenn sie in Frankreich bleibt.
In Le Poët lernt sie das Vaterunser im griechischen Text auswendig, so wie sie und Thibon es sich gegenseitig versprochen hatten. Bis dahin hatte sie niemals in ihrem Leben mit Worten gebetet. Dieses Gebet übt eine außerordentli-

che Kraft über sie aus; sie entwickelt sogar eine Methode, die sie zu mystischen Erfahrungen führt: „Da hat die unendliche Süßigkeit dieses griechischen Textes mich derart ergriffen, daß ich einige Tage lang nicht umhin konnte, ihn mir unaufhörlich zu wiederholen. Eine Woche später begann ich mit der Weinlese. Ich sprach das Vaterunser auf griechisch jeden Tag vor der Arbeit, und im Weinberg habe ich es dann noch oftmals wiederholt.

Seitdem habe ich mir als einzige Übung die Verpflichtung auferlegt, es jeden Morgen einmal mit unbedingter Aufmerksamkeit zu sprechen. Wenn meine Aufmerksamkeit unter dem Sprechen abirrt oder einschläft, und sei es auch nur im allergeringsten Grade, so fange ich wieder von vorne an, bis ich einmal eine völlig reine Aufmerksamkeit erreicht habe. Dann kommt es wohl mitunter vor, daß ich es aus reinem Vergnügen noch einmal von vorne aufsage, aber nur, wenn das Verlangen mich treibt.

Die Kraft dieser Übung ist außerordentlich und überrascht mich jedesmal, denn, obgleich ich sie jeden Tag erfahre, übertrifft sie jedesmal meine Erwartung.

Mitunter reißen schon die ersten Worte meinen Geist aus meinem Leibe und versetzen ihn an einen Ort außerhalb des Raumes, wo es weder eine Perspektive noch einen Blickpunkt gibt. Der Raum tut sich auf. Die Unendlichkeit des gewöhnlichen Raumes unserer Wahrnehmung weicht einer Unendlichkeit zweiten oder manchmal auch dritten Grades. Gleichzeitig erfüllt diese Unendlichkeit der Unendlichkeit sich allenthalben mit Schweigen, mit einem Schweigen, das nicht die Abwesenheit des Klanges ist, sondern das der Gegenstand einer positiven Empfindung ist, sehr viel positiver als die eines Klanges. Die Geräusche, wenn deren da sind, erreichen mich erst, nachdem sie durch dieses Schweigen hindurchgegangen sind.

Mitunter auch ist während dieses Sprechens oder zu anderen Augenblicken Christus in Person anwesend, jedoch mit einer unendlich viel wirklicheren, durchdringenderen, klareren und liebevolleren Gegenwart als jenes erste Mal, da er mich ergriffen hat" (UG, 54f).

Am 19. oder 20. September verläßt Simone Le Poët und kehrt nach Saint-Marcel zurück. Thibon hatte ihr eine Stelle bei einem Winzer namens Rieu in Saint-Julien de Peyrolas besorgt. Am 3. Oktober schreibt sie an Hélène Honnorat: „Ich habe mich jetzt in eine Weinleserin verwandelt, eine harte Arbeit, die ich aber liebe. Ich spüre mehr und mehr, daß es genau das ist, was ich tun sollte. Warum, könnte ich nicht erklären; und warum es zu erklären suchen? Wenn man spürt, daß man etwas machen soll, Gedicht oder Ernte, muß man es machen, das ist alles ..." (SP II, 373).

Ein wenig später fragt Hélène sie, warum sie auf dem Land arbeite, bei allem, was sie zu sagen habe. Simone antwortet: „Es gibt Dinge, die ich nicht hätte sagen können, wenn ich es nicht getan hätte." An Gilbert Kahn schreibt sie: „Die Müdigkeit bringt mich manchmal um, aber ich finde darin eine Art Reinigung. Im tiefsten Grunde der Erschöpfung finde ich Freuden, die mir nichts anderes geben könnte und die mich davon abhalten, die unweigerliche Einbuße des intellektuellen Scharfsinns zu bedauern" (SP II, 375).

Die Landarbeit hat also eine etwas andere Qualität als die Arbeit in der Fabrik. Es geht sicherlich auch darum, die Lebensbedingungen der Landarbeiter am eigenen Leib kennenzulernen, nicht aber mehr darum, die Ursachen sozialer Mißstände und Mittel zu deren Behebung zu erforschen. Der Ertrag dieser Erfahrung ist spiritueller Natur und besteht nicht in der Erkenntnis sozialpolitischer Zusammenhänge. So dankt Simone Pater Perrin brieflich dafür, ihr „die Erde geöffnet" zu haben. Er fragt natürlich zurück: „Wann werde ich die Freude haben, Ihnen den ‚Himmel zu öffnen'?" Er fügt aber auch hinzu, daß man in dieser Frage (der Taufe) nichts suchen und nichts wünschen solle außer den Willen Gottes.

Von ihrem Arbeitgeber, Monsieur Rieu, wird sie nicht wie eine normale Arbeiterin behandelt, weil sie in seinem Haus wohnt und verpflegt wird. Da sie ein eigenes Zimmer für sich ablehnt, schläft sie im Eßzimmer, was für die Gastgeber eher unangenehm ist: wegen der vielen Papiere Simones gerät es bald in eine große Unordnung. Simone hat nicht immer den Blick dafür, daß ihr Wunsch, sich von ihrem Ego zu lösen, nicht unbedingt mit den Bedürfnissen anderer übereinstimmt. Jedoch versucht sie, besonders was ihre Eltern angeht, die Auswirkungen in Grenzen zu halten.
Gegen Ende der Weinlese schreibt Simone einen ironischen Brief an Xavier Vallat, den Kommissar für Judenfragen, in dem sie aufs neue das Judenstatut kritisiert und sich für ihre neuen Erfahrungen in der Landarbeit bedankt. Denn das Judenstatut verbot intellektuelle Tätigkeiten für Juden.
Die Weinlese endet am 23. Oktober. Simone hatte geplant, noch einige Zeit im Gemüseanbau zu arbeiten. Doch der Unternehmer, der sich schon bereit erklärt hatte, sie zu beschäftigen, wollte nun nicht mehr Personen von außerhalb anstellen, die er hätte verpflegen müssen. So kehrt Simone nach Marseille zu ihren Eltern zurück.
In den sechs Monaten, die sie nun in Marseille verbringt, schreibt sie eine Reihe von Artikeln und Aufsätzen, die zu den schönsten und reifsten Texten ihres Werkes zählen: drei Artikel für die Zeitschrift „Cahiers du Sud“, zwei für dessen Spezialnummer „Le Génie d'Oc“; die fünf Aufsätze, die in *Unglück und Gottesliebe* herausgegeben wurden, die meisten der Aufsätze, die in der *Vorchristlichen Schau* erschienen und einige aus *La Source grecque*; vier Aufsätze, die in *Pensées sans ordre concernant l'amour de Dieu* veröffentlicht wurden und *Condition première d'un travail non servile*, erschienen in *La Condition ouvrière*. Es ist unmöglich, an dieser Stelle die genannten Schriften zusammenzufassen, dazu sind diese Texte zu schön und von einem zu großen geistigen Gehalt. Am Ende dieses Kapitels werden einige

Aspekte des Denkens Simone Weils zu diesem Zeitpunkt dargestellt.
Simone schreibt auch den größten Teil ihrer Tagebücher in Marseille, nämlich die Bände II und III. Diese Tagebücher sind ein einzigartiges Dokument einer großen Seele, sie enthalten Aphorismen, Meditationen, philosophische Ausführungen, Lesenotizen, Zitate, Ideenblitze und mathematische Berechnungen. Sie sind fast von ihrer Person lösgelöst geschrieben; auch hier hat Simone Weil umgesetzt, was zunächst unreflektiert, dann bewußt Programm ihres Lebens war, nämlich die Loslösung vom nach Selbstbehauptung strebenden Ich.
Am Ende des zwölften Heftes ihrer Marseiller Notizen befindet sich die erste Version des sogenannten „Prologs“ mit dem Titel „Anfang des Buches“ (Das Buch, das diese Gedanken und viele andere enthalten würde). Die zweite Version, mit dem Titel „Prolog“ befindet sich auf zwei losen Blättern in der Mitte eines New Yorker Tagebuchheftes und wurde in der *Connaissance Surnaturelle* noch einmal veröffentlicht (CS, 9f). Die Tatsache eines zweiten Manuskriptes sowie der Titel der ersten Version weisen auf die Schlüsselfunktion dieses Textes auch für die Autorin selbst hin. Diese Parabel, dieses Gleichnis der höchsten Begegnung zwischen Gott und Mensch, ist wahrscheinlich schon in der Pariser Zeit, Ende 1938/Anfang 1939 entstanden:

PROLOG

Er trat in mein Zimmer und sagte: „Du Unglückliche du, die nichts versteht, nichts weiß. Komm mit mir, und ich werde dich Dinge lehren, von denen du nichts ahnst.“
Ich folgte ihm.
Er nahm mich in eine Kirche mit. Sie war neu und häßlich. Er führte mich vor den Altar hin und sagte zu mir: „Knie

Abb. 8: Simone Weil mit dem Dichter Jean Lambert in Marseille

nieder." Ich sagte zu ihm: „Ich bin nicht getauft." Er sagte zu mir: „Falle auf die Knie, an dieser Stelle, aus Liebe, als an dem Ort, wo die Wahrheit ist." Ich gehorchte.

Er hieß mich hinausgehen und zu einer Dachkammer hinaufsteigen, von wo man durch das Fenster die ganze Stadt sah, ein paar hölzerne Baugerüste, den Fluß, wo Schiffe entladen wurden. Er hieß mich niedersitzen. Wir waren allein. Er redete. Zuweilen trat jemand ein, mischte sich ins Gespräch und ging dann wieder fort. Es war nicht mehr Winter. Es war noch nicht Frühling. Die Zweige der Bäume waren kahl, ohne Knospen, die Luft kalt und voller Sonne.

Das Licht nahm zu, wurde strahlender und schwand, dann traten die Sterne und der Mond ans Fenster. Dann stieg von neuem das Morgenrot auf.

Zuweilen hielt er inne, holte aus einem Schrank ein Brot, und wir teilten es. Dieses Brot schmeckte wirklich nach Brot. Niemals mehr habe ich diesen Geschmack wiedergefunden.

Er schenkte mir und schenkte sich Wein ein, der nach Sonne schmeckte und nach der Erde, auf der diese Stadt gebaut ist.

Zuweilen streckten wir uns am Boden der Dachkammer aus, und die Süßigkeit des Schlafes senkte sich auf uns hinab. Danach erwachte ich wieder und trank das Sonnenlicht.

Er hatte mir eine Lehre versprochen, aber er lehrte mich nichts. Wir plauderten von allen möglichen Dingen, ohne Vorbehalte, wie es alte Freunde tun.

Eines Tages sagte es zu mir: „Nun geh." Ich fiel ihm zu Füßen, umschlang seine Knie, ich flehte ihn an, mich nicht fortzujagen. Aber er warf mich die Treppe hinab. Wie ich hinunter kam, weiß ich nicht, das Herz war mir wie in Stücke gerissen. Ich wanderte durch die Straßen. Da fiel mir ein, daß ich gar nicht wußte, wo sich jenes Haus befand.

Ich habe niemals versucht, es wiederzufinden. Ich begriff, daß er mich aus Versehen mitgenommen hatte. Mein Platz ist nicht in jener Dachkammer. Er ist, einerlei wo, in einem Kerkerverlies, in einem dieser bürgerlichen Salons voller Nippes und

rotem Plüsch, in einem Bahnhofswartesaal. Einerlei wo, aber nicht in dieser Dachkammer.
Manchmal kann ich nicht anders, als mir, unter Angst und Gewissensbissen, etwas von dem zu wiederholen, was er zu mir gesagt hat. Wie soll ich wissen, ob ich mich genau erinnere? Er ist nicht da, um es mir zu sagen. Ich weiß wohl, daß er mich nicht liebt. Wie könnte er mich lieben? Und dennoch kann irgend etwas in meinem Innern, ein letztes bißchen meiner selbst, nicht aufhören, furchtbebend daran zu denken, daß er mich vielleicht, trotz allem, liebt.

Dieser Text berichtet von einer intimen Liebesgemeinschaft, die sich in einer „Dachkammer", d.h. im Innern der Seele, vollzieht. Dieser Text entspringt zwar der persönlichen Erfahrung Simone Weils, ist aber im Grunde unpersönlich, wie die männliche Form des Partizips „baptisé" (getauft) deutlich macht, die sich in beiden Versionen findet. Raum und Zeit werden überschritten („Es war nicht mehr Winter. Es war noch nicht Frühling."). Kosmische Weite erhält der Bericht durch die stille Teilhabe der Natur. Die eucharistische Gottesbegegnung wird durch das Teilen von Brot und Wein gleichnishaft wiedergegeben. Ihren Höhepunkt erreicht die mystische Liebesbegegnung im gemeinsamen Schlaf auf dem Boden der Dachkammer, deutlich wird er im Wechsel der Personalpronomina „er" und „ich" in ein „wir". Der göttliche Besucher, der mit Christus gleichzusetzen ist, lehrt nichts, seine Lehre ist die Liebe. Doch auf die „Hinreise" muß die „Rückreise" in die Welt folgen. Sie erfolgt plötzlich, auf brutale Weise, und dennoch bleibt am Ende die Hoffnung auf die Liebe Gottes.
Simone hält auch Vorträge mit anschließender Diskussion über griechische Texte ab. Diese Veranstaltungen, die Pater Perrin organisiert, finden in der Krypta des Dominikanerklosters statt. Zweifellos schreibt Simone für diesen Zweck

die meisten der Texte, die in der *Vorchristlichen Schau* und in *La Source grecque* herausgegeben wurden. Außerdem hat sie ja auch die Absicht, die schönsten nichtchristlichen Texte über die Gottesliebe einmal kommentiert zu veröffentlichen.

Sie hält auch einen Vortrag im Auftrag der Gesellschaft für philosophische Studien in Marseille. Sie spricht über die Konzeption des Schönen bei Platon und ist der Meinung, daß er viel weiter gehe als Kant, da für ihn das Schöne von außerhalb des Wahrnehmbaren komme, das Schöne also einen transzendenten Ursprung habe.

Simone nimmt regelmäßig an der Sonntagsmesse teil. Sie bittet ihre Freundin Hélène Honnorat, sie mit allen ihr bekannten Geistlichen bekannt zu machen. Sie will die Dogmen der katholischen Kirche genau kennenlernen. Aber sie macht die Erfahrung, daß diese sehr schwer herauszufinden sind, denn die Geistlichen sind sich nicht darüber einig, welcher Glaubenssatz nun strikt verbindlich ist und welcher nicht.

Zu dieser Zeit kommt Simone auch in Kontakt mit der Widerstandsgruppe „Témoignage chrétien". Sie übernimmt die Aufgabe, geheime Literatur zu verbreiten. Eines Tages transportiert sie einen Koffer voller Broschüren. Als sie aus der Straßenbahn aussteigt, öffnet sich der Koffer und die Broschüren liegen verstreut auf der Straße. Simone läßt sich nicht irritieren und sammelt ruhig ihre Schriften wieder ein.

Die Ostertage 1942 verbringt Simone in der Benediktinerabtei En-Calcat in Dourgnes, um dort gregorianische Gesänge zu hören. Vorher macht sie in Carcassonne halt und besucht den Dichter Joë Bousquet, der mit Ballard zusammen die Sondernummer „Le Génie d'Oc" herausgibt. Bousquet ist ein Kriegsversehrter, der seit 1918 völlig gelähmt ans Bett gefesselt lebt und ständig unter großen Schmerzen leidet. Simone unterhält sich fast eine ganze Nacht lang mit ihm; in diesen wenigen Stunden leidenschaftlichen Austausches stellen sie ihre tiefe geistige Verwandtschaft fest. Simone bittet auch den ehemaligen Soldaten Bousquet, brieflich Stellung zu ihrem Projekt einer Truppe von Frontkrankenschwestern zu nehmen, damit sie sich auf seine Stellungnahme bei Behörden berufen kann. Dokumente dieser so entstandenen Freundschaft sind die drei Briefe, die Simone Weil Joë Bousquet geschrieben hat und die 1950 in den „Cahiers du Sud" veröffentlicht wurden.

In Carcassonne besucht sie den Domherrn Vidal, Leiter des Großen Seminars. Mit ihm führt sie die gleiche Diskussion wie mit Pater Perrin. Gegenstand ihrer Gespräche ist das Gottesbild des Alten Testaments; Simone lehnt einen Gott ab, der die Auslöschung des kanaanäischen Volkes befiehlt. Jede Erklärung dieses Gottesbildes etwa durch das Denken und die Sitten jener Zeit oder durch das Bemühen um Reinerhaltung des monotheistischen Glaubens weist sie ab. Auch erklärt sie dem Domherrn, daß es vorchristliche Inkarnationen des Wortes Gottes gegeben habe, nämlich beispielsweise Melchisedech, Osiris und Krischna. Vidal sagt ihr daraufhin ganz offen, daß sie noch nicht reif für die Taufe sei.

In Carcassonne besucht sie ebenfalls alte Freunde, die Familie Roubaud. Jacques Cabaud berichtet über dieses Treffen in seiner Biographie „Die Logik der Liebe": „In härenem Gewand, die nackten Füße in Sandalen, über alles Irdische erhaben, steht sie vor ihnen wie eine Heilige aus dem Mittelalter. (...) ‚Ich will dienen', sagte sie, ‚ich will dorthin gehen, wo es am gefährlichsten ist.' Als sie gegangen war, herrschte eine beklemmende Atmosphäre. Auf alle Anwesenden – auch auf Jean Paulhan, der den Abend mit ihnen verbracht hatte – hatten ihre neuartige Erscheinung, ihre Distanz zu allem Irdischen und zu den Problemen der Jetztzeit einen sonderbaren Eindruck gemacht" (CAB, 270f).

In En-Calcat spricht sie mit dem Benediktinerpater Dom

Clément Jacob über ihre religiösen Fragen. Sie gibt ihm einen Fragebogen, der in *Poèmes sans ordre concernant l'amour de Dieu* veröffentlicht wurde (PSO, 69–72). Dom Jacob erklärt ihr ohne Umschweife, daß er sie für häretisch halte. Nach dem Zeugnis von Hélène und Pierre Honnorat stellt dieses Ergebnis einen Wendepunkt für Simone Weil dar; bis dahin glaubte sie noch, sich der Kirche annähern zu können.

Wieder zurück in Marseille, schreibt sie Joë Bousquet am 13. April. Ihr Brief enthält eine Passage, die sehr aufschlußreich für ihre Persönlichkeit ist: „Die Aufmerksamkeit ist die seltenste und reinste Form des Großmuts. Es ist sehr wenigen Geistern gegeben, zu entdecken, daß die Dinge und die Lebewesen existieren. Seit meiner Kindheit wünsche ich nichts anderes als vor meinem Tod diese völlige Offenbarung bekommen zu haben …" (SP II, 407).

Die Tatsache, daß Dinge und Lebewesen existieren, scheint eine Selbstverständlichkeit zu sein. Und doch fällt es uns schwer und ist uns vielleicht unmöglich, andere Menschen und Dinge so wahrzunehmen, wie sie wirklich sind, ohne unsere subjektive Perspektive und ohne sie für uns in irgendeiner Weise zu verzwecken. Menschen und Dinge in ihrem Eigenrecht wahrzunehmen, bedeutet, mir selbst Grenzen zu setzen, und ist daher in letzter Konsequenz eine Art von Leiden. Vielleicht läßt sich so die Neigung Simone Weils erklären, freiwillig Leiden aller Art auf sich zu nehmen. Vielleicht hat sie sich immer auf die Seite der Benachteiligten geschlagen, um der Wahrheit des menschlichen Seins zu begegnen, die nur durch das Leiden hindurch erfahrbar ist, denn leidfreies Leben ist eine Fiktion.

Am 12. Mai 1942, kurz vor ihrer Abreise nach Amerika, schreibt Simone einen weiteren Brief an Bousquet, in dem sie zum ersten Mal das Schweigen über ihre mystischen Erfahrungen bricht, aber auch ihre Einstellung sich selbst gegenüber kennzeichnet (ZG, 140): „Doch die Erklärung meiner Haltung mir selbst gegenüber, die nicht Mißtrauen, die eine Mischung von Verachtung, Haß und Abscheu ist, liegt auf einer viel niedrigeren Stufe, im Bereich der biologischen Mechanismen. Es ist ein körperlicher Schmerz. Seit zwölf Jahren haust in mir ein Schmerz, der am Zentralpunkt des Nervensystems sitzt, an dem Verbindungspunkt zwischen Seele und Körper, der noch im Schlaf fortwährt und niemals auch nur eine Stunde ausgesetzt hat."

Simone bekennt also eine mangelnde Selbstliebe und führt selbst den Grund dafür auf den sie seit Jahren schon marternden Kopfschmerz zurück. Darüber hinaus schreibt sie ihrem Freund Bousquet, daß für jeden einmal der Moment komme, sich für das Gute zu entscheiden. In bezug auf das Böse schreibt sie: „Die Wurzel des Bösen ist die Träumerei."

Im April 1942, dem letzten Monat vor ihrer Abreise, schreibt sie auch Pater Perrin mehrere Briefe. Pater Perrin hatte die seelsorgliche Betreuung von Studenten und der bäuerlichen Jugend in Montpellier übernommen. Im Januar hatte sie ihm schon einen Brief geschrieben, der ebenso wie die zwei Briefe vom April in *Unglück und Gottesliebe* veröffentlicht wurde. In ihrem ersten Brief, dem eine undatierte Nachschrift folgt, stellt Simone noch einmal klar, warum sie sich nicht taufen lassen will. Sie möchte damit einen Schlußpunkt unter die Diskussion mit Pater Perrin setzen.

Im Brief vom 16. April werden die Motive für ihre Abreise aus Frankreich deutlich. Sicherlich wünscht sie, ihre Eltern in Sicherheit zu bringen, und diese wären nicht ohne ihre Tochter abgereist. Aber das Hauptmotiv, das in diesem Brief deutlich wird, ist der Wunsch, in irgendeiner Weise am Krieg teilzunehmen, und die Hoffnung, ihr Projekt einer Gruppe von Frontkrankenschwestern zu verwirklichen. Jedoch ist sie noch nicht völlig zur Abfahrt entschlossen, denn sie fürchtet, daß die Lebensbedingungen in Marseille sich verschlimmern könnten und sie dadurch in die Situation derer gerate, die vor den Gefahren fliehe.

Ganz kurz vor ihrer Abreise schreibt Simone einen vierten Brief an Pater Perrin, ihre berühmte „spirituelle Autobiographie“, in der sie ihren geistigen Weg nachzeichnet. Dort macht sie auch die Unterscheidung von „katholisch de iure“ und „katholisch de facto“. Simone Weil zufolge müsse das Christentum alle Berufungen in sich schließen, wenn es „katholisch“, also dem Wortsinn nach allumfassend sein wolle. Daher müsse es auch die verschütteten Traditionen der Manichäer und Albigenser umschließen, das Leben der farbigen sowie das weltliche Leben der weißen Völker. „Katholisch de iure“ sei also alles, was man als impliziten Glauben bezeichnen könne, „katholisch de facto“ das, was anerkannt katholisch sei. Simone versteht sich selbst als „katholisch de iure“. Natürlich sollten ihrer Meinung nach die „katholischen Traditionen de iure“ auch „katholisch de facto“ werden, doch dies verhindere die Kirche mit den beiden Wörtern „anathema sit“. Diese zwei Wörter zeigten, daß die Kirche nach den Albigenserkriegen so etwas wie einen Totalitarismus errichtet habe.
Am 14. Mai 1942 fahren Simone und ihre Eltern auf der Maréchal-Lyautey nach Amerika ab. Gustave Thibon hat sie vorher ihre Tagebücher gegeben, die dieser in der umstrittenen Anthologie *Schwerkraft und Gnade* ediert. Auch Pater Perrin läßt sie ihre Aufsätze *Die Gottesliebe und das Unglück* und *Implizite Formen der Gottesliebe* sowie Teile der Vorchristlichen Schau zukommen, die dieser dann später veröffentlicht.
Hélène und Pierre Honnorat begleiten sie zum Schiff und sagen: „Auf Wiedersehen, Simone, in dieser Welt oder in der anderen.“ Simone antwortet: „Nein, in der anderen sieht man sich nicht wieder.“
Diese Antwort ist nicht so zu verstehen, daß Simone nicht an ein Weiterleben nach dem Tod glaubt. Sie äußert sich niemals konkret über dieses Leben, spricht auch kaum von der Auferstehung Christi, sondern nur von seinem Kreuz.

Dies ist als Abweisung eines triumphalistischen Gottesglaubens zu verstehen; die Rede von der Auferstehung könnte ja die skandalöse Botschaft vom Kreuz überdecken und beschönigen. Simone spricht nie vom Leben nach dem Tod, vielleicht weil sie der Gefahr aus dem Weg gehen will, den Glauben als Trost zu benutzen, als Heilmittel gegen die Todesangst; vielleicht auch weil ihre Vorstellungen vom Leben nach dem Tod nicht den traditionellen entsprechen und sie an eine nicht-persönliche Fortexistenz der Seele nach dem Tod glaubt.

In Marseille konzentriert sich Simone Weil weitgehend auf Religion und Metaphysik, wenngleich sie auch Artikel über Wissenschaft, Moral und Literatur für die „Cahiers du Sud" schreibt. Wie die von ihr bevorzugte Artikel- und Essayform zeigt, ist ihr Denken unsystematisch und trägt den Charakter des Entwurfs, obwohl sich auch Grundlinien deutlich abzeichnen. Im Mittelpunkt ihrer religiösen Philosophie steht ein unkonventionelles Gottesbild: Gott ist bei Simone Weil der allmächtige Gott, der auf seine Macht verzichtet hat und nun schwach geworden ist. Während des Schöpfungsaktes lasse Gott Menschen mit freiem Willen zu; er habe abgedankt, auf sich selbst verzichtet, denn Gott und Welt zusammen seien aufgrund des Bösen weniger als Gott allein. Der Gott Simone Weils hat sich von der Welt zurückgezogen, er ist abwesend. Seine Stellvertretung in der Welt habe die Notwendigkeit, das Weltgesetz, übernommen. Gott sei gleichzeitig abwesend und gegenwärtig in der Welt, gegenwärtig sei er auf dreierlei Weise: in der Weltordnung, in der Schönheit der Welt und in der Seele des Menschen. Da Gott sich seiner selbst entleert habe, ist er als unpersönlich anzusehen: Dieser Verzicht auf sein Eigentliches sei Verzicht auf sein Wesen, auf sein Personsein.

An anderer Stelle bejaht Simone jedoch auch den persönlichen Charakter Gottes: „Das ‚Ich bin' Gottes, das wirklich ist, unterscheidet sich unendlich von dem eingebildeten ‚Ich bin' der Menschen. Gott ist keine Person, wie der Mensch sie zu sein glaubt. Darin liegt zweifellos der Sinn des tiefen Wortes der Hindus, man müsse Gott zugleich als persönlich und unpersönlich begreifen" (VS, 122).

Die Entäußerung Gottes wiederhole sich in der Menschwerdung und am Kreuz. Der Grund für diesen mehrmaligen Selbstverzicht Gottes sei die Liebe. Gott sei die Liebe selbst, weil er das absolut Gute verkörpere.

Die Aufgabe des Menschen sei es nun, diese Abdankung Gottes nachzuahmen, auf die eigene Autonomie, auf das separate Ich zu verzichten. Das Ego-Wesen der Kreatur sei Sünde, die Erbsünde, denn es sei das Resultat des Abfallens vom absolut Guten, Verlust der Harmonie mit Gott. Daher könnten Schöpfungsakt und Erbsünde gleichgesetzt werden. Gott aber müsse sein Alles-Sein zurückerhalten, die Dinge und der Mensch müßten sich wieder in Gott zurückbilden. Diesen Akt nennt die Autorin „Décréation", d.h. dem Wortsinn nach „Ent-schaffung" oder „Ent-schöpfung". Wenn Simone Weil von dem Verzicht auf die menschliche Autonomie spricht, geht es nicht um den Rückfall in eine Unmündigkeit, sondern um den Verzicht des Alltagsbewußtseins auf materielle Abhängigkeiten und den Machtanspruch, im Mittelpunkt der Welt zu stehen. Es gehe darum, das eigene Dasein ganz Gott anheimzustellen.

Die „Décréation" ist Überwindung des Bösen und damit gleichzeitig Vollendung des Menschen und der Welt: „Mit Liebe zustimmen, nicht mehr zu sein, wie wir es tun sollen, ist keine Vernichtung, sondern vertikaler Überstieg in die höhere Realität des Seins" (C III, 179).

Gott sei dreifaltig, so Simone Weil, und das Leben der drei göttlichen Personen sei gekennzeichnet durch Beziehung und Freundschaft. Damit hängt sie einem klassischen christlichen Dogma an, obwohl sie das Dogmenverständnis der katholischen Kirche immer kritisiert hat. Ihrer Meinung nach seien Dogmen Ausdruck von Mysterien, die mit Aufmerksamkeit, Liebe und Respekt zu betrachten sind, nicht aber Glaubenssätze, die dazu dienen könnten, Menschen aus der Kirche auszuschließen oder zu verfolgen. So wird sie zur Fürsprecherin der von der Kirche verfolgten und unterdrückten Traditionen, der Gnosis und ihren mittelalterlichen Spielarten der Katharer, Bogomilen und Albigenser. Obwohl Simone Weils Denken von verschiedenen Interpreten als gnostisch bezeichnet worden ist, bestehen doch, trotz mancher Übereinstimmungen, grundlegende Unterschiede. Wie in ihren beiden Artikeln für die Sondernummer der „Cahiers du Sud", „Le Génie d'Oc" zum Ausdruck kommt, fühlt sie sich sehr vom gnostischen Denken angezogen wegen ihrer Ablehnung des Alten Testaments und weil sie die Gnosis als Weiterführung des Platonischen Erbes ansieht. Wenn sie auch mit den Gnostikern darin übereinstimmt, daß die Welt ein Exil für den Menschen darstelle und nicht sein Zuhause, daß Gott sich von der Welt zurückgezogen habe und daß es im Menschen einen Teil unabhängig von Körper, Geist und Seele gebe, der nur Gott gehört und der die Einheit mit Gott erfahren kann, so denkt sie doch in vielen Punkten anders als die Gnostiker. Für Simone Weil bleibt die Welt, trotz des Bösen, Schöpfung Gottes und nicht eines Demiurgen oder gefallenen Engels. Sie entwertet die Materie nicht wie die Gnosis: Sie spricht immer wieder von der Schönheit der Welt. Nach Weil gibt es in der Welt verschiedene Brücken zu Gott, die sie mit dem griechischen Begriff „metaxu" bezeichnet, z.B. die Arbeit, die Kunst, die Wissenschaft, die Schönheit der Welt und die Mathematik. Auch weist sie die Auffassung der Manichäer ab, daß Christus nur einen Scheinleib gehabt habe, denn damit würden ja die Menschwerdung Gottes und die Bedeutung des Kreuzes Christi hinfällig.

Die Weilsche Sicht Jesu entspricht nicht ganz der traditionellen christlichen Glaubensauffassung. Simone Weil bejaht zwar das Dogma von der Menschwerdung Gottes in Chri-

stus; Christus ist also zugleich Mensch und Gott für sie. Jedoch habe es ihrer Meinung nach schon vor Christus Inkarnationen des Wortes Gottes gegeben, u.a. in Osiris, Krishna, Dionysos und Prometheus. Daher gebe es auch in anderen Religionen eine übernatürliche Wahrheit, und die Prophezeihungen älterer Traditionen seien mindestens so wertvoll wie die des Alten Testaments.
Christus sei als zweite Person der Trinität Objekt der Liebe des Vaters. Er ist für Simone Weil wesentlich Mittler; Mittler zwischen Gott und Gott (dem Heiligen Geist), zwischen Gott und Welt und zwischen Gott und dem Menschen.
Die Idee der Vermittlung führt Simone selbst auf die griechische Philosophie zurück. Sie ist wie kaum eine andere moderne Denkerin von der griechischen Philosophie und besonders von Platon beeinflußt. Das griechische und platonische Denken sei das Ende einer langen Tradition, die mit den Ägyptern, Sumerern, Hethitern und Phöniziern begonnen habe. In Ägypten habe der Pythagoreismus, der wiederum Platon stark geprägt habe, seinen Ursprung. Das Evangelium selbst sei „der letzte wunderbare Ausdruck des griechischen Geistes", der durch die römische Weltherrschaft nahezu völlig zerstört worden sei. Die griechische Offenbarung bestehe in der Offenbarung des menschlichen Elends, der Transzendenz Gottes und der unendlichen Distanz zwischen Gott und Mensch. Simone Weil identifiziert das absolut Gute bei Platon mit dem christlichen Gott; damit sieht sie – anders als die meisten Kommentatoren – Platon als Monotheisten. Die Schönheit der Welt sei, auch hier nimmt sie die Platonische Tradition auf, eine Brücke zu Gott. Sie erlaube dem Menschen die Notwendigkeit zu lieben. (Jedoch ist die Art und Weise, wie Simone die griechische Literatur liest, nach Ansicht der neueren Weil-Forschung recht selektiv und spekulativ.)
Wichtig sind für Simone neben Platon auch die Pythagoreer wegen der Bedeutung, die sie der Mathematik als spiritueller

Wissenschaft zuschreibt. Die Pythagoreer hatten die mittlere Proportionale entdeckt, d.h. die mittlere Proportionale x zu zwei gleichartigen Größen a und b ist diejenige Größe, welche die Proportion $a : x = x : b$ erfüllt; b kann a dabei nicht dirket zugeordnet werden. Dieses „Wunder“ sei ein Beispiel dafür, daß uns die Mathematik die Grenzen unserer Intelligenz und damit unsere Nichtigkeit zeige und eine Brücke zu Gott darstelle. Mathematik drücke die Gesetze der Notwendigkeit aus und symbolisiere Wahrheit und damit übernatürliche Erkenntnis. Mit ihrer Hilfe sei es den Griechen gelungen, eine Vermittlung, eine Harmonie herzustellen zwischen der Nichtigkeit des Menschen, der den Gesetzen der Notwendigkeit unterliegt, und der transzendenten Fülle Gottes.

Simone Weil mißt auch der Stoa in ihrer griechischen Form einen großen Wert bei. Es ist vor allem die stoische Liebe zum Schicksal und ihre Ansicht, daß diese Welt gleichzeitig unser Exil und unser Vaterland sei, die sie seit langem teilt. In der griechischen Tragödie bewundert Simone vor allem die Themen Ungerechtigkeit, Rebellion und Annahme des Schicksals. Ihre bevorzugten Tragödien sind der „Prometheus“ des Aischylos, die „Antigone“ und die „Elektra“ des Sophokles.

Geistige Nahrung findet sie zu dieser Zeit aber auch in einigen nichtchristlichen Religionen, in der Religion Ägyptens, im Hinduismus und Taoismus und im Buddhismus. Sie schreibt jeder Religion den gleichen Wert zu und ist der Meinung, daß sie sich nicht gegenseitig ausschließen, sondern sich ergänzen. In jeder Religion lasse sich übernatürliche Wahrheit finden, und jede habe ihre eigene Berufung. So habe die ägyptische Religion die Aufgabe gehabt, die Rettung und Unsterblichkeit einer Seele durch die Identifizierung mit einem leidenden und auferstandenen Gott, Osiris, sowie die Nächstenliebe zu predigen. In Osiris sieht Simone die deutlichste Vorahnung des christlichen Heilsge-

schehens, da er ebenfalls eine Passion für andere erleidet. Im Hinduismus ist es die Idee des Atman, die sie anzieht, die Lehre der Upanischaden von einem göttlichen Kern im Menschen, der identisch ist mit Brahman, mit Gott, sowie die Lehre vom Dharma, dem Weltgesetz, das sie mit ihrem eigenen Begriff „Notwendigkeit“ gleichsetzt. Ein Schlüsseltext der hinduistischen Literatur ist für Simone Weil ein Zitat aus der Mundaka – Upanischad (III,1,1): „Zwei schönbeflügelte, verbundene Freunde umarmen ein und denselben Baum; einer von ihnen speist die süße Beere, der andre schaut, nicht essend, nur herab.“
Ihr Kommentar dazu: „Dies ist der große Schmerz des menschlichen Lebens, daß Schauen und Essen zwei verschiedene Tätigkeiten sind. Nur auf der anderen Seite des Himmels, in dem Lande, da Gott wohnt, ist beides ein und dasselbe Tun.(...) Wenn sie (Eva) die Menschheit durch das Essen einer Frucht zugrunde gerichtet hat, so muß die Rettung in dem umgekehrten Verhalten liegen: eine Frucht zu betrachten, ohne sie zu essen“ (UG, 171).
Wie ihre Tagebücher zeigen, ist sie auch von der Lehre der beliebtesten heiligen Schrift des Hinduismus, der Bhagawadgita und ihrer Lehre vom Ich-freien Handeln fasziniert. Andere Aspekte des religiösen Denkens Indiens, z.B. den Glauben an die Reinkarnation oder das Kastenwesen, läßt sie außer acht.
Auch mit dem Buddhismus setzt sich Simone Weil, allerdings in einem geringeren Maße, auseinander; sie interessierte sich vor allen Dingen für den Mahayana-Buddhismus und den tibetischen Heiligen Milarepa. Als Milarepas einziger Besitz, ein Napf, zerbricht, macht er die Erfahrung der Vergänglichkeit der Dinge, die ihn erst wirklich von materiellem Verlangen freimacht. Er erkennt nicht nur, daß unsere irdischen Bindungen vergänglich sind, sondern auch, daß der spirituelle Fortschritt illusorisch ist. In dem Moment, als er seinen Fortschritt als imaginär erkennt, erreicht

er ihn. Über den Zen-Buddhismus liest Simone D.T. Suzukis „Essays in Zen Buddhism". Es sind vor allem der Gedanke der „Auslöschung der Begierden", die damit in Verbindung stehende anzustrebende innere Leere, die Übung der Aufmerksamkeit und die Technik des Koan, die sie mit Begeisterung erfüllen. Die Methode des Koan bietet die Möglichkeit einer plötzlichen Erleuchtung. Das Denken wird durch ein widersprüchliches Wort oder durch eine Frage aufgesprengt, z.B.: „Welches Geräusch macht eine klatschende Hand?", um die hinter der vielfältigen Wirklichkeit liegende Einheit zu erfahren.

Simone Weil, die als freidenkerisch erzogene Philosophin eine große Offenheit für alle Religionen (die jüdische vielleicht ausgenommen) an den Tag legt, bedauert das Fehlen einer soliden vergleichenden Religionswissenschaft zu ihrer Zeit. Die Wahrheit einer Religion läßt sich nur von innen erkennen: „So führt auch das Studium der verschiedenen Religionen nur dann zu einer Erkenntnis, wenn man sich eine Zeitlang durch den Glauben in den innersten Kernpunkt der Religion versetzt, die man untersuchen will. Durch den Glauben im ausdrücklichsten Verstande des Wortes" (UG, 194).

Es geht jedoch nicht darum, eine Synthese aller Religionen zu schaffen, sondern die eine existentielle Wahrheit, die in ihnen allen enthalten ist, aufzufinden: „Die Einheit verschiedener Traditionen begreifen, nicht indem man sie durch das einander annähert, was sie gemeinsam haben, sondern indem man die Essenz dessen ergreift, was jeder spezifisch ist. Das ist eine einzige und selbe Essenz" (C III, 131).

Mit dieser einen, gemeinsamen Essenz meint Simone Weil die Mystik. In New York und London wird die mystische Seite ihres Denkens noch deutlicher werden.

7. New York (Juli 1942 – November 1942)

Am 20. Mai kommen Simone und ihre Eltern in Casablanca an. Die Passagiere werden in einem Lager in Ain-Seba, einem Vorort Casablancas untergebracht. Dort bleiben sie siebzehn Tage. In Decken eingehüllt, schlafen sie in zwei großen Sälen auf dem Boden. Die Verpflegung ist schlecht, und viele Leute, auch Doktor Weil, kränkeln. Man kann das Lager verlassen, muß aber um Erlaubnis bitten. Ein einziges Mal besucht Simone die Frau des Doktor Bercher. Dabei versucht sie, eine Moschee zu besichtigen, jedoch vergeblich. An Hélène Honnorat schreibt sie: „Es beruhigt Sie zweifellos zu erfahren, daß die Europäer hier nicht das Recht haben, Moscheen zu betreten. So habe ich nicht zu Allah gebetet“ (SP II, 418).

Simone schreibt von früh bis spät auf einem der wenigen Stühle des Lagers. Wenn sie ihn einmal verlassen muß, halten ihre Eltern ihr diesen Platz frei. Wegen des Stuhls stehen sie als erste auf und gehen als letzte schlafen. Simone schreibt die Kommentare der pythagoreischen Texte, die den letzten Teil der *Vorchristlichen Schau* bilden. Diese will sie Pater Perrin schicken, dem sie am 26. Mai zum letzten Mal schreibt (UG, 74–91). In diesem Brief spricht sie zunächst die Vereinbarkeit Gottes mit dem Unglück an: „(...) es ist das Unglück selbst, in dem die Barmherzigkeit Gottes erstrahlt. Auf seinem innersten Grunde, im Zentrum seiner untröstbaren Bitternis. Fällt man, in der Liebe bleibend, bis zu dem Punkt, wo man den Schrei: ‚Mein Gott, warum hast du mich verlassen?‘ nicht mehr zurückhalten kann, und verharrt man dann an diesem Punkt, ohne zu lieben aufzuhören, so berührt man am Ende etwas, das nicht mehr Unglück ist, das auch nicht Freude, sondern das das reine, übersinnliche, Freude und Leid gemeinsame, innerste, wesentliche Wesen ist, und das die Liebe Gottes selbst ist.“

Das Unglück anderer aber bleibt eine quälende Frage für Simone. Die Berührung mit ihm „(...) ist ein so gräßlicher Schmerz für mich, sie zerreißt meine Seele derart durch und durch, daß es mir eine Zeitlang fast unmöglich ist, Gott zu lieben. Es fehlt nur wenig, daß ich nicht sagte: unmöglich."
Simone bringt immer wieder ihre Dankbarkeit für die Freundschaft und Zuneigung Pater Perrins zum Ausdruck. Sie bezeichnet sich als Beispiel für einen „impliziten Glauben" und kritisiert bei Pater Perrin dessen „Kirchenpatriotismus", seine Anhänglichkeit an die Kirche als ein „irdisches Vaterland". Dem stellt sie ein neues Verständnis von „katholisch" gegenüber: „Die Kinder Gottes sollen hienieden kein anderes Vaterland haben als das Universum selbst, mit der Gesamtheit aller vernunftbegabten Geschöpfe." Und: „Man muß katholisch sein, das heißt durch keinen Faden an irgend etwas Erschaffenes gebunden sein, außer an die Gesamtheit der Schöpfung."
Simone fordert eine neue Art der Heiligkeit: „Die Welt bedarf der genialen Heiligen, wie eine Stadt, in der die Pest wütet, der Ärzte bedarf. Und wo ein Bedürfnis vorhanden ist, besteht auch eine Verpflichtung."
Am Ende des Briefes kommt ihre überaus negative Selbsteinschätzung und Demut zum Ausdruck: „Es ist ein großer Schmerz für mich, befürchten zu müssen, daß die Gedanken, die in mich herabgestiegen sind, zum Tode verurteilt sein könnten, weil sie von meiner Unzulänglichkeit und meiner Erbärmlichkeit angesteckt sind. Ich lese niemals ohne Schaudern die Geschichte vom unfruchtbaren Feigenbaum. Ich glaube, er ist mein Bildnis. Auch in ihm war die Natur ohnmächtig, und dennoch fand er keine Entschuldigung. Christus hat ihn verflucht."
Diesen Brief schickt sie zusammen mit anderen Texten an Solange B., eine Art Sekretärin von Pater Perrin, und bittet sie, ihm folgende Worte vorzulesen, von denen sie hofft, daß sie ihm keinen Schmerz bereiten werden:

„Während ich die Arbeit über die Pythagoreer beendete, fühlte ich mit einer – soweit einem Menschenwesen diese Worte verstattet sind – endgültigen Gewißheit, daß meine Berufung mir auferlegt, außerhalb der Kirche zu bleiben und sogar ohne eine, sei es auch nur implizite, Bindung an sie oder das christliche Dogma; jedenfalls solange, als ich nicht zu jeder geistigen Arbeit völlig außerstande sein werde. Und dies, um Gott und dem christlichen Glauben im Bereich der Vernunfteinsicht zu dienen. Der Grad intellektueller Redlichkeit, der mir um meiner besonderen Berufung willen zur Pflicht gemacht ist, fordert, daß mein Denken ausnahmslos alle Ideen gleichmütig gelten lasse, mit einbegriffen zum Beispiel den Materialismus und Atheismus; daß es allen gegenüber gleicherweise aufnahmebereit und gleicherweise zurückhaltend sei“ (UG, 71).
Am 7. Juni geht die Reise auf einem portugiesischen Schiff, der „Serpa Pinto“, weiter. Ungefähr am 6. Juli kommen Simone und ihre Eltern in New York an, wo sie zunächst im Hotel, dann in einem Appartement in der Riverside Drive 549 wohnen.
Nach ihrer Ankunft sagt André Weil seiner Schwester, daß er nicht nur um die Schwierigkeit einer Reise wisse, sondern seine Schwester auch vor sich selbst schützen wolle: Ihr Projekt, nach England zu fahren, sei sehr schwierig, wenn nicht unmöglich zu realisieren. Diese Information ist für Simone ein sehr harter Schlag. Auch andere geben ihr zu verstehen, daß die Einreise nach England streng reglementiert ist. Dennoch beginnt Simone Behördengänge, um ihr Vorhaben zu verwirklichen.
Sie schreibt an Jacques Maritain, den großen katholischen Philosophen, und stellt ihm ihr Vorhaben vor. Maritain antwortet ihr sehr freundlich und schreibt ihr, daß ihr Projekt einer Truppe von Frontkrankenschwestern einer sehr noblen Idee entspringe, daß er aber nicht beurteilen könne, ob es realisierbar sei. Er empfiehlt ihr, den Philosophen

Alexander Koyre zu treffen, der es in London der Exilregierung vorstellen könne. Da Simone ihm auch von ihrer „spirituellen Position" geschrieben hat, rät er ihr, sich auch mit dem Dominikanerpater Couturier in Verbindung zu setzen.
Als sie noch auf seine Antwort wartet, schreibt sie an Admiral Leahy, der Frankreich im Mai 1942 verlassen hat und den Generalstab von Roosevelt leitet. Sie bekommt sehr schnell eine Antwort von einem Angestellten des Admirals. Man informiert sie darüber, daß man für ihren Brief dankt und ihn den zuständigen Gremien weitergeleitet habe.
Sie schreibt auch an andere alte Klassenkameraden, die in London für die Exilregierung arbeiten, z.B. an Maurice Schumann. An ihn schreibt sie zwei Briefe, von denen sie einen mit der Post schickt und den anderen dem Kapitän Mendès-France anvertraut. Im ersten Brief (EL, 185–187) schildert sie ihm ihr Frontkrankenschwesternprojekt und teilt ihren Wunsch mit, von London aus mit einer möglichst gefährlichen Mission nach Frankreich zurückzukehren. Sie appelliert an ihn, sie nach London kommen zu lassen und sie aus ihrer moralisch zu schmerzlichen Situation herauszuholen. Im anderen Brief (EL, 97–201) führt sie ihren zweiten Plan näher aus.
Simone schreibt ebenso an Madame Rosin, mit der sich die Familie Weil in Paris und in Montana angefreundet hatte, in der Hoffnung, daß diese ihr die Erlaubnis, nach London zu kommen, besorgen könne. Sie trifft auch Alexander Koyre, der schriftlich in London darum bittet, daß man Simone kommen läßt.
Zwischenzeitlich gerät Simone in eine tiefe Depression, als sie erfährt, daß am 14. Juli in Marseille die Polizei gegen Demonstranten vorgegangen sei und daß es zwei Tote und mehrere Verletzte gegeben habe. Sie kann zwei Tage lang nichts essen. Was sie befürchtet hatte, war eingetroffen: Die

Situation in Marseille schien sich nach ihrer Abreise verschlechtert zu haben.
Simone unternimmt noch mehr, um ihr Vorhaben zu realisieren: Sie sucht die Delegation der Exilregierung und das französische Konsulat auf. Dort trifft sie die Französin Simone Deitz wieder, die sie in Marseille flüchtig kennengelernt hatte, und schließt Freundschaft mit ihr. Simone Deitz versucht ebenfalls, nach England auszureisen. Die beiden besuchen einen Kurs in Erster Hilfe, da dies ihre Chancen verbessern könnte.
Darüber hinaus besucht Simone Weil öffentliche Bibliotheken und studiert Märchen und Mythen. Sie schreibt auch Artikel auf englisch über z.B. die französischen Kolonien und die Behandlung schwarzer Kriegsgefangener durch die französische Armee.
Simone geht häufig in die Kirche, in eine katholische, aber auch in eine Baptistenkirche in Harlem. Sie besucht zum ersten Mal eine Synagoge, die der äthiopischen Juden in New York. Sie versucht ebenso immer noch herauszubekommen, ob ihre Ideen mit der Zugehörigkeit zur Kirche vereinbar seien. Sie trifft mehrere Priester oder Mönche, z.B. Pater Dietrich von Hildebrand und Abt Oesterreicher. Aber sie bekommt wieder keine Antwort, weil ihr niemand sagen kann, was nun verbindlich zum Glauben der Kirche dazugehöre.
Simones Eltern fahren zu ihrem Bruder André nach Pennsylvania. Eveline, seine Frau, erwartet ein Baby. Simone nennt es Patapon und schreibt ihren Eltern, daß sie ihrem Bruder zur Taufe raten wolle: „Wenn Eveline es möchte, schreibe ich André wegen der Taufe. Ich sehe keinen Nachteil darin. Er gehört nicht zu denen, die aus dem Atheismus eine Religion machen. (...) Ich sehe nicht, in wessen Namen er sie ablehnen könnte. Ich kann mir auch nicht die Möglichkeit vorstellen, daß Patapon, wenn es erwachsen ist, welche Einstellung er (oder sie) auch haben mag, es bedau-

ern könnte, daß man ihn getauft hat. Man muß sagen, daß es ihm gut tut (besonders in sozialer Hinsicht) und daß es auf jeden Fall nicht schaden kann" (SP II, 433).

Am 10. September schreibt Simone einen Brief an Thibon, in dem sie Aufschluß über ihre innere Verfassung gibt: „Ich wußte, daß die Wahrscheinlichkeit (nach England zu kommen) gering war, aber ich wagte nicht, die Verantwortung dafür zu übernehmen, eine Chance, auch wenn sie noch so klein ist, nicht wahrzunehmen, denn dieser Gedanke schien mir von Gott zu kommen. Daher habe ich mich nicht ohne Mühe und Angst zur Abfahrt entschlossen. Aber bis heute waren meine Bemühungen fruchtlos. Dies gibt mir zwangsläufig das Gefühl, daß ich mich entweder über den Willen Gottes getäuscht habe oder daß es mir an Glauben fehlt, ihn auszuführen. In beiden Fällen liegt Mangel an Gehorsam vor" (SP II, 434).

Simone schreibt auch einen ersten Entwurf ihres „Briefes an einen Ordensmann" für Pater Couturier, den Maritain ihr empfohlen hatte. Sie bittet ihn um ein präzises und völlig sicheres Urteil über die Vereinbarkeit oder Unvereinbarkeit ihrer Ansichten mit der Zugehörigkeit zur katholischen Kirche. Sie nennt nun fünfzehn (im Brief an einen Ordensmann (ED) werden es fünfunddreißig sein) ihrer „vermutlichen Häresien", nicht ohne zuvor hervorzuheben, daß sie in ihrem Geiste mit einem Fragezeichen versehen seien.

Durch einen Brief von Maurice Schumann schöpft Simone neue Hoffnung, nach London zu kommen. Er hatte mit André Philip gesprochen, dem Kommissar für Inneres und Arbeit in der Exilsregierung. Philip beurteilt zwar Simones Frontkrankenschwesternprojekt als unrealisierbar, aber er ist damit einverstanden, Simone nach London kommen und sie für die Exilregierung arbeiten zu lassen. Sie bedankt sich für die Bemühungen Schumanns in einem nichtdatierten Brief (EL, 197–201) und bemerkt bezüglich ihrer persönlichen Empfindungen:

„Das auf der Erde verbreitete Unglück geht mir nicht aus dem Sinn und bedrückt mich so sehr, daß es meine Fähigkeiten zunichte macht, und ich kann sie nur wiedererlangen und mich von dieser Besessenheit befreien, wenn ich selbst einen großen Anteil an der Gefahr und am Leiden habe. (...) Ich bitte Sie, mir, falls Sie es vermögen, den Anteil an Leiden und nützlichen Gefahren zu verschaffen, der mich davor bewahren wird, unnütz durch den Kummer aufgerieben zu werden. Ich kann in der Situation, in der ich mich im Moment befinde, nicht leben. Sie versetzt mich an den Rand der Verzweiflung. (...) Ich würde jede provisorische Aufgabe egal wo akzeptieren – zum Beispiel in der Propaganda oder in der Presse, aber woanders genauso. Nur, wenn es sich um eine Funktion handelt, die nicht einen höheren Grad an Leiden und Gefahr enthält, kann ich sie nur unter Vorbehalt akzeptieren, sonst würde mich der gleiche Kummer, der mich in New York verzehrt, auch in London aufreiben. (...) Ich bin sicher, daß dies nicht nur eine Frage des Charakters, sondern der Berufung ist."
Es geht aus diesem Brief deutlich hervor, daß es sich bei der für normale Maßstäbe außergewöhnlichen Leidenssuche der Autorin u.a. um eine religiös motivierte Einstellung handelt. Simone empfindet es als ihre von Gott auferlegte Pflicht, eine gefährliche Aufgabe für die Befreiung Frankreichs zu übernehmen.
Mit der Hoffnung auf eine baldige Abreise nach England findet Simone ihre Arbeitskraft und ihre philosophische Inspiration wieder. Im Oktober 1942 schreibt sie den größten Teil ihrer in Amerika verfaßten Tagebücher, die unter dem Titel *Connaissance surnaturelle* zusammen mit den Aufzeichnungen aus der Zeit in London herausgegeben wurden. In diesem Band befindet sich ihr „fürchterliches Gebet" (CS, 204–206):
„Vater, im Namen Christi gewähre mir: Daß mein Wille keine Bewegung meines Körpers bestimmen kann und nicht

einmal den Ansatz zu einer Bewegung, als ob ich vollständig gelähmt wäre. Daß ich keiner einzigen Wahrnehmung fähig sei, als ob ich ganz blind, taub und der anderen drei Sinne beraubt wäre. (...) Daß dieser Körper sich bewege oder bewegungslos wird, mit einer vollständigen Geschmeidigkeit oder Starrheit gemäß einer ununterbrochenen Konformität mit Deinem Willen. (...) Daß alles dies mir entrissen werde, verschlungen von Gott, transformiert in die Substanz Christi, und den Unglücklichen zu essen gegeben werde, deren Körper und Seele aller Arten von Nahrung entbehren. (...) Vater, der Du das Gute bist und ich das Minderwertige, reiß diesen Leib und diese Seele los von mir und mache daraus etwas, das Dir gehört, und laß in alle Ewigkeit nur dieses Losreißen bestehen oder das Nichts."
Simone räumt ein, daß es sich um ein Gebet handle, das man nur beten könne, wenn es vom Geist diktiert werde. Solche Dinge könne man nicht freiwillig erbitten, sondern man gelange gegen seinen eigenen Willen dorthin. Gegen seinen Willen, aber man stimme zu. Als sie Überlegungen zur Zustimmung und zur Vereinigung mit Gott anstellt, schreibt sie: „Aber alle diese spirituellen Phänomene sind absolut außerhalb meiner Kompetenz. (...) Sie sind den Lebewesen vorbehalten, die zunächst die elementaren moralischen Tugenden besitzen. Ich rede aufs Geratewohl. Und ich bin nicht einmal fähig, mir ehrlich zu sagen, daß ich aufs Geratewohl rede" (CS, 205 f).
Simone schreibt ihren großen Brief an den Pater Couturier (ED) und an Jean Wahl. Er hatte ihr zuvor geschrieben, daß manche nach Amerika geflüchteten Franzosen der Meinung seien, daß Simone mit der hitlerfreundlichen Regierung unter Marschall Pétain sympathisieren würde. Simone bestreitet dies entschieden. Sie liefert Wahl auch eine Zusammenfassung ihrer religiösen Ansichten:
"Ich glaube, daß ein und dasselbe Denken auf sehr präzise Weise und in kaum verschiedenen Formen in den antiken

Mythologien, in der Philosophie von Pherekydes, Thales, Anaximander, Heraklit, Pythagoras, Platon und den griechischen Stoikern, in der griechischen Poesie der Blütezeit, in den allgemeinen volkstümlichen Geschichten, in den Upanischaden und der Bhagawadgita, in den Schriften der Taoisten und bestimmten buddhistischen Strömungen, in dem, was von den ägyptischen heiligen Schriften übrigbleibt, in den Dogmen des christlichen Glaubens und den Schriften der großen christlichen Mystiker, vor allem des heiligen Johannes vom Kreuz, in bestimmten Häresien, vor allem der katharischen und manichäischen Tradition zum Ausdruck kommt. Ich glaube, daß dieses Denken die Wahrheit ist und daß es heute einen westlichen und modernen Ausdruck braucht. Das heißt, daß es durch die einzige einigermaßen gute Sache, die uns zu eigen ist, nämlich die Wissenschaft zur Sprache gebracht werden muß. Dies stellt umso weniger eine Schwierigkeit dar als es selbst der Ursprung der Wissenschaft ist."
Simone kommt dann zu ihrer recht eigenwilligen Bibelauslegung: „Was die Juden angeht, denke ich, daß Moses diese Weisheit gekannt und sie zurückgewiesen hat, weil er wie Maurras die Religion als ein einfaches Instrument nationaler Größe angesehen hat; aber als die jüdische Nation durch Nebukadnezar zerstört wurde, haben die Juden, die vollkommen ohne Orientierung und mit Nationen aller Art vermischt waren, diese Weisheit in Form fremder Einflüsse bekommen und sie in den Rahmen ihrer Religion so weit wie möglich einfließen lassen. (...) Ich glaube, daß die elf ersten Kapitel der Genesis (bis Abraham) nichts anderes sein können als eine deformierte und überarbeitete Tradition eines heiligen ägyptischen Buches, daß Abel, Henoch und Noah Götter sind und daß Noah mit Osiris, Dionysos und Prometheus identisch ist. Daß Sem, Japhet und Ham wenn nicht drei Rassen, so doch wenigsten drei menschlichen Familien entsprechen, drei Zivilisationsweisen, und

daß Ham allein die Nacktheit und den Rausch Noahs gesehen hat, das heißt die Offenbarung des mystischen Denkens.“

Simone verläßt ungefähr am 10. November New York auf einem schwedischen Schiff. Als sie sich von ihren Eltern verabschiedet, sagt sie: „Wenn ich mehrere Leben hätte, würde ich euch eines widmen, aber ich habe nur ein Leben (SP II, 448).“

8. England (November 1942 bis zum Tod)

Die Überfahrt von New York bis Liverpool dauert zwei Wochen. Es sind nur zehn Passagiere an Bord der „Valaaren", aber die Stimmung ist gut und das gemeinsame Risiko einer Überfahrt in Kriegszeiten verbindet. Simone übernimmt meist die Initiative, erzählt ihren Reisegenossen Geschichten und regt sie an, dasselbe zu tun. Simone wünscht sich klare Mondnächte, so daß man sich auf der Brücke versammeln kann; andere teilen diesen Wunsch nicht, denn in solchen Nächten vergrößert sich die Gefahr, torpediert zu werden.

Die „Valaaren" erreicht Liverpool am 25. November und die Passagiere werden sofort in das Durchgangslager „Patriotic School" in einem Vorort Londons gebracht. Dort versuchen die Sicherheitskräfte, Spione und unliebsame Personen unter den Ankommenden ausfindig zu machen. Normalerweise bleibt man dort sechs bis sieben Tage, aber Simone wird, vermutlich wegen ihrer früheren pazifistischen und sozialpolitischen Aktivitäten, für fast drei Wochen dort festgehalten. Sie lernt das Volleyballspiel und verkleidet sich nachts als Geist, um die anderen zu unterhalten. Aber drei Wochen sind eine lange Zeit, wenn man nicht schreiben, telephonieren und telegraphieren kann. Schließlich ist es wieder Maurice Schumann, der für Simones Freilassung sorgt.

Ab dem 14. Dezember wohnt sie in London vorübergehend in der Kaserne der weiblichen Freiwilligen der Exilregierung. Sie trifft Schumann und Closon, einen Mitarbeiter André Philips und verantwortlich für die Beziehungen zu Frankreich. Sie ist von beiden begeistert; im ersten Brief an ihre Eltern schreibt sie, daß „Schumann so nett wie nur möglich" sei und daß Closon sie begrüßt habe, als wenn „sie schon seit zehn Jahren Freunde" seien. Sie teilt ihren Eltern mit, daß die Chancen für ihre Pläne schlecht stünden und

daß es für sie schwierig sein werde, nach England zu gelangen. Ihre Eltern hatten ihrerseits schon vergeblich verschiedene Behörden um die Einreiseerlaubnis ersucht; auch André Philip bemüht sich in den folgenden Monaten ohne Erfolg.
Simone begeistert sich sofort für England: „In einem Sinne scheinen mir Dinge und Menschen genauso zu sein, wie ich es meiner Ansicht nach erwartet habe und in einem anderen Sinne vielleicht sogar besser. Lawrence definiert an einer Stelle England durch die Eigenschaften ‚Humor und kindness (Nettigkeit)'. Dies sind zwei Züge, die man überall in den kleinen Szenen des alltäglichen Lebens findet und in den verschiedensten Milieus. Vor allem kindness – in einem viel höheren Grad, als ich jemals gehofft habe. Die Leute hier beschimpfen sich nicht gegenseitig wie auf dem Kontinent; genauso ist es dort, wo Ihr seid, aber das kommt daher, daß die Nerven dort entspannt sind; hier aber sind die Nerven gespannt, jedoch beherrscht man sie durch Selbstrespekt und wahrer Großzügigkeit anderen gegenüber. Es ist möglich, daß der Krieg viel damit zu tun hat" (EL, 221).
Mitte Januar mietet Simone ein Zimmer bei einer Witwe, die zwei Söhne großzuziehen hat. Mrs. Francis ist eine Frau mit spirituellem Interesse und hat ihren Mann, einen Grundschullehrer, zehn Jahre zuvor verloren. Simone bewohnt zunächst ein Zimmer im Erdgeschoß, zieht dann aber in ein billigeres im Obergeschoß um. Sie findet ihr Zimmer sehr schön, weil man vom Fenster aus auf Zweige voller Vögel und nachts auf die Sterne blicken kann. Mrs. Francis ist besorgt um ihren Gast, der einen rauhen Husten hat, sein Zimmer nicht heizt und nicht genügend ißt, da (wie sie meint) die Franzosen an Hunger sterben. Simone fühlt sich in diesem Haus sehr wohl und findet es „reinen Dickens".
Vor allem mag sie die Jungen sehr gerne, erzählt ihnen endlos Geschichten und betreut sie bei den Hausaufgaben.
Philip will Simone im zivilen Dienst, als Redakteurin, ein-

setzen und beauftragt Closon, ihr Arbeit zu geben. Closon gerät dadurch etwas in Verlegenheit, begreift aber schnell, daß Simone schreiben muß. Sie bekommt ein kleines, eigenes Büro in der Hill Street, in dem sie die von den Widerstandskomitees in Frankreich entworfenen Projekte für ein Nachkriegsfrankreich überprüfen soll. Obwohl sie von dieser Aufgabe enttäuscht ist und keineswegs ihre eigenen Pläne aufgibt, macht sie sich doch an die Arbeit. Sie analysiert die Texte, die man ihr anvertraut, und entwirft eigene Aufsätze zu den Fragen, die diese Texte behandeln: die Fragen nach einer neuen Verfassung und nach der Rolle der politischen Parteien. Die Anzahl der Texte, die sie in den vier Monaten bis zu ihrer Einlieferung ins Krankenhaus im April 1943 schreibt, ist überwältigend groß. Sie schreibt die in dem Band *Ecrit de Londres* herausgegebenen Aufsätze, ihr unvollendet gebliebenes Buch *L'enracinement* sowie religiöse Texte, z.B. die *Théorie des sacrements* und das Glaubensbekenntnis, das man unter dem Titel *Dernier texte* herausgegeben hat (PSO, 133–158).

Im folgenden kann es aus Platzgründen nicht darum gehen, diese wertvollen Schriften zusammenzufassen, sondern nur das Besondere einiger dieser Texte anzudeuten. In der Einleitung ihres Aufsatzes *Etude pour une déclaration des obligations envers l'être humain* legt sie die Basis für die politischen Ausführungen in den anderen Schriften, die sie zu dieser Zeit geschrieben hat: „Es gibt eine Wirklichkeit jenseits der Welt, d.h. jenseits des Raumes und der Zeit, jenseits der geistigen Welt des Menschen, jenseits des ganzen Bereiches, den die menschlichen Fähigkeiten erreichen können. Dieser Wirklichkeit entspricht im Herzen des Menschen dieses Verlangen nach einem absoluten Gut, das dort immer wohnt und niemals eine Erfüllung in dieser Welt findet" (EL, 74).

Ohne dieses Gottes- und Menschenbild sei es Simone zufolge unmöglich, eine gerechte Gesellschaft zu schaffen.

Denn die Einsicht in die Verwiesenheit des Menschen auf eine absolute, transzendente Wirklichkeit habe den Respekt vor seinen Bedürfnissen zur Folge. So kommt sie dazu, dem Begriff der Menschenrechte den der „Verpflichtung" dem menschlichen Wesen gegenüber vorzuordnen. Um diese Verpflichtungen zu definieren, nimmt sie Bezug auf die menschlichen Bedürfnisse, die sie in Paaren auflistet, z.B. neben den materiellen Bedürfnissen das der Freiheit und des Gehorsams, das der Gleichheit und der Hierarchie.
Diese Liste der Bedürfnisse nimmt sie in ihrem zweiten und letzten „Testament", dem unvollendet gebliebenen Buch *L'Enracinement* wieder auf. Obwohl sie auf einige ihrer Ideen ihres ersten „Testaments", *Réflexions sur les causes de la liberté et de l'oppression sociale* Rekurs nimmt, so verzichtet sie doch in der *Einwurzelung* auf die Themen Revolution und Klassenkampf. In dieser, vielleicht bedeutendsten und immer noch aktuellen Schrift Simone Weils geht es um das grundlegende Bedürfnis des Menschen, nämlich das der materiellen und sprirituell-geistigen Verwurzelung. Diese Einwurzelung – so lautet ihre Botschaft – sei nur möglich, wenn die Diskrepanz zwischen Religion und Gesellschaft sowie zwischen Denken und Handeln aufgebrochen und in der Arbeit das spirituelle Zentrum der Gesellschaft gefunden werde.
In ihrer Schrift *La personne et le sacré* (Die Person und das Heilige) kommt ebenfalls die Verbindung von Mystik und Politik zum Ausdruck, die die letzten Arbeiten Simone Weils so sehr auszeichnet. Dort lehnt sie den modernen Personalismus ab. Der Begriff der Person sei nach Ansicht Simones zu eingeschränkt, um den Wert des menschlichen Individuums zu begründen. Es sei vielmehr das Verlangen nach dem Guten im Herzen jedes Menschen, das seine Unverletzlichkeit garantiere, und dieser Kern der menschlichen Seele sei etwas Unpersönliches.
Der Aufsatz *Y a-t-il une doctrine marxiste?* stellt die letzte

Auseinandersetzung Simones mit dem Marxismus dar. In dieser unvollendeten Schrift nimmt sie ihre alte Kritik am Marxismus wieder auf und erweitert sie durch allgemeinere philosophische Einwände. Sie hält den Historischen Materialismus für eine diffuse Mischung von Idealismus und Materialismus. Nach Ansicht Simones gehörten Idealismus und Materialismus zusammen, aber auf klar getrennte Weise. Den Glauben Marx' an ein gutes Prinzip in der Materie, das den Fortschritt der Geschichte mit sich bringe, betrachtet sie als eine minderwertige Form von Religion. Sie erkennt bei Marx auch geniale Ideen, es gelinge ihm jedoch nicht, diese Ideen zu einem System zusammenzufügen.
Ihren Auftraggebern erscheinen ihre Texte zu allgemein, zu wenig praxisbezogen. Da Simone hart arbeitet – oft verbringt sie ganze Nächte am Schreibtisch –, verschlechtert sich ihre Gesundheit zusehends. Sie findet aber auch Zeit, in London spazierenzugehen. Sonntags geht sie in den Hyde Park, um die Leute zu beobachten, die den Rednern dort zuhören, die sie für die letzte Spur der Diskussionen Sokrates' auf der Agora von Athen hält (EL, 231). Sie genießt die Atmosphäre der Arbeiterpubs und geht ins Theater, um zwei Stücke von Shakespeare anzusehen. An einem Wochenende zeltet sie mit ihrer Freundin Simone Deitz in der Umgebung von London im Park eines Klosters. Allerdings beginnt es zu regnen, und das Zelt wird völlig naß. Das Angebot der Nonnen, sie für diese Nacht zu beherbergen, lehnt Simone jedoch ab und verbringt die Nacht im nassen Zelt: sicherlich sehr nachteilig für ihre Gesundheit.
Simone Deitz ist ihre engste Freundin; Simone sucht ihr die tibetische Sprache beizubringen, während Simone Deitz sich vergeblich daran versucht, der kurzsichtigen Simone das Autofahren zu lehren. Jeden Sonntag besucht Simone Weil die Familie Rosin, wo sie ein Bad nehmen kann. Beim Mittagessen ißt sie wenig; gibt es etwas, das schwierig zu

besorgen ist, weist sie es zurück, ebenso wie Speisen, die sie für zu gut hält. Bei den Rosins trifft sie Professor Fehling wieder, dessen Bekanntschaft sie in der Schweiz gemacht hatte. Er findet ihren Charakter viel harmonischer als damals. Auch freundet Simone sich mit Closon und seiner Frau an, die beim Mittagessen dieselbe Erfahrung mit ihr machen wie Rosin.

Obwohl sie London liebt und gute Kontakte hat, ist Simone unglücklich, weil sie ihre Projekte nicht realisieren kann. Angeblich soll de Gaulle, als er ihren Plan einer Formation von Frontkrankenschwestern zu sehen bekam, ausgerufen haben: „Aber sie ist ja verrückt!" Auch ihre Idee, im Rahmen einer Fallschirmaktion nach Frankreich zu kommen, ist zum Scheitern verurteilt; man sagt ihr, daß sie sofort festgenommen und auch andere gefährden würde. Trotzdem schreibt sie Schumann einen langen Brief (EL, 201–225), in dem sie ihn bittet, sich für sie einzusetzen – vergeblich, denn weder befürwortet er wirklich ihr Vorhaben, noch liegt die Entscheidung bei ihm. Der Brief gibt aber Aufschluß über ihr klares Wissen um ihren Zustand und über ihren inneren Zwiespalt:

„Die Anstrengung, die ich hier unternehme, wird bald durch eine dreifache Grenze beendet sein. Die eine Grenze ist gefühlsmäßiger Art, denn der ständig wachsende Schmerz, mich fehl am Platze zu fühlen, wird schließlich gegen meinen Willen, wie ich fürchte, das Denken hindern. Die andere ist intellektueller Natur; es ist offensichtlich, daß in dem Moment, wo mein Denken sich dem Konkreten zuwendet, es mangels Objekt am Ende sein wird. Die dritte ist physisch, denn die Müdigkeit wächst. (...)

Wenn ich von dem absehe, was mir zum Wohl anderer Menschen zu tun gewährt ist, hat das Leben für mich persönlich keinen anderen Sinn und hat im Grunde niemals einen anderen Sinn gehabt als die Erwartung der Wahrheit. Ich empfinde eine ständig wachsende Zerrissenheit, sowohl

auf der Ebene der Vernunft als auch in der Mitte des Herzens, wegen meiner Unfähigkeit, wahrhaft das Unglück der Menschen, die Vollkommenheit Gottes und die Verbindung zwischen beiden zusammenzudenken.
Ich habe die innere Gewißheit, daß diese Wahrheit, wenn sie mir jemals gewährt wird, sie mir nur in dem Moment, in dem ich selbst physisch im Unglück sein werde, geschenkt wird, und zwar in einer der extremen Formen des gegenwärtigen Unglücks.
Ich habe Angst, daß dies nicht geschieht. Selbst als ich Kind war und mich für eine Atheistin und Materialistin hielt, trug ich immer die Furcht in mir, nicht mein Leben zu verpassen, sondern meinen Tod. (...)
Ich bin außerhalb der Wahrheit, nichts Menschliches kann mich ihr näherbringen, und ich habe die innere Gewißheit, daß Gott mich auf keine andere Weise als diese ihr zuführt" (EL, 212–214).
Ihr dringlicher Wunsch, an einer Sabotageaktion in Frankreich teilzunehmen, könnte als krankhafter Wunsch der Selbstaufopferung angesehen werden. Sicherlich kann diese Möglichkeit, was die unbewußte psychische Ebene angeht, nicht ganz von der Hand gewiesen werden. Aber auf der bewußten Ebene hat ihr Wunsch eine andere Ursache, nämlich die Frage nach der Vereinbarkeit Gottes als des absolut Guten mit dem Leiden in der Welt. Eine Antwort auf diese Frage kann Simone nur durch konkrete Erfahrung, im Kontakt mit der Wirklichkeit bekommen. Das Verlangen nach der Begegnung mit der Realität war ja auch schon für die Entscheidung, Fabrik- und Landarbeiterin zu werden, ausschlaggebend. Hinzu kommt das Gefühl, die Berufung eines ganz bestimmten Todes zu haben.
Für die Sabotageaktion besorgt Simone sich ein Handbuch übers Fliegen und einen Fallschirmspringerhelm. Sie wird im Januar zu diesem Zweck medizinisch untersucht: zu diesem Zeitpunkt scheint sie nicht krank zu sein. Schließ-

lich bekommt Simone Deitz den Auftrag, der allerdings wenig später zurückgenommen wird. Die Annullierung zeigt ihr erneut die Aussichtslosigkeit ihrer Hoffnung.
Zur selben Zeit beschäftigt sich Simone nach wie vor sehr intensiv mit religiösen Dingen. Sie geht fast täglich zur Messe in die Kirche der Jesuiten in der Nähe ihrer Dienststelle. Ihr Verlangen nach der Kommunion ist so intensiv wie nie zuvor. Literarische Frucht dieses ungestillten Verlangens ist die *Théorie des sacrements* (Theorie der Sakramente, PSO, 135–145). Hier sieht sie die Gegenwart Christi in der Hostie als Gottes Konvention, um die Kluft zwischen Verlangen und Realität zu überbrücken. Der vermutlich letzte Text, den sie vor ihrer Einlieferung ins Krankenhaus schreibt, ist das Glaubensbekenntnis mit dem vermutlich nicht von Simone Weil stammenden Titel *Dernier Texte* (Letzter Text; PSO, 149–153), das mit den folgenden Worten beginnt: „Ich glaube an Gott, an die Trinität, an die Inkarnation, an die Erlösung, an die Eucharistie, an die Lehre des Evangeliums."
Unter Glaube versteht sie hier nicht das Fürwahrhalten von Fakten, sondern „daß ich durch die Liebe der vollkommenen, ungreifbaren Wahrheit anhänge, die in diesen Mysterien eingeschlossen ist, und daß ich versuche, ihr meine Seele zu öffnen, um ihr Licht in mich einfließen zu lassen."
Die Autorin präzisiert hier auch ihre Einstellung zur Kirche: „Ich erkenne der Kirche kein Recht zu, die Operationen der Intelligenz oder die Erleuchtungen der Liebe im Bereich des Denkens zu begrenzen. Ich gestehe ihr die Aufgabe zu, als Verwalterin der Sakramente und Hüterin der heiligen Texte Entscheidungen über einige wesentliche Punkte zu treffen, aber nur als Richtlinien für die Gläubigen." Dieses Glaubensbekenntnis vertraut sie Simone Deitz an, damit diese es verschiedenen ihr bekannten Priestern zeige.
Drei Stunden Schlaf pro Nacht, ein Übermaß an Arbeit, die

Wiederkehr der Kopfschmerzen sowie die mangelhafte Ernährung führen schließlich zum Zusammenbruch. Am 15. April will Simone Deitz sie an ihrem Arbeitsplatz sprechen und erfährt, daß Simone auch am Vortag nicht zur Arbeit gekommen ist. Simone Deitz geht zu ihr nach Hause und findet sie bewußtlos auf dem Fußboden. Simone wird daraufhin ins Middlesex-Hospital eingeliefert; dort wird eine Tuberkulose beider Lungen diagnostiziert. Zunächst bekommt sie einen Platz in einem großen Schlafsaal. Erst als man ihr versichert, daß ihre Krankheit ansteckend sei, stimmt sie einem Einzelzimmer zu.
Der Arzt prognostiziert baldige Besserung, gute Ernährung und vollständige Ruhe vorausgesetzt. Aber Simone ißt sehr wenig, vielleicht weil sie nicht mehr essen kann, aber sicher auch, weil sie nicht mehr essen will. Denn sie weiß, daß die Nahrung rationiert ist, und will unter keinen Umständen privilegiert sein.
Jeden Tag kann sie Besuch empfangen, aber nur einmal für ungefähr zehn Minuten. Thérèse Closon, Simone Deitz, die Rosins und Mrs. Francis kommen häufig. Jedem Besucher nimmt sie das Versprechen ab, ihre Eltern nicht über ihren Zustand zu informieren. Simone weiß, daß diese Nachricht ihre Eltern nur quälen würde, um so mehr, als sie doch nicht nach England kommen können. Auch wenn sie ihnen schreibt, verheimlicht sie ihnen, daß sie im Krankenhaus liegt. Sie gibt vor, immer noch für die Exilregierung zu arbeiten und den heißen Sommer in London zu genießen. Die Schriftzüge in ihren Briefen sind so regelmäßig wie immer und verraten keineswegs ihre große Schwäche.
Bald nachdem sie ins Krankenhaus gekommen war, bittet sie darum, einen Priester sprechen zu können. Der Seelsorger der Exilregierung, Abt de Naurois, besucht sie dreimal. Simone bespricht mit ihm ihre Fragen und Einwände, die sie im *„Brief an einen Ordensmann“ (Lettre à un religieux)* zusammengestellt hat, vor allem die Frage nach dem Schick-

sal ungetaufter Kinder. Er bewundert auf der einen Seite Simones Demut, Reinheit und Geradlinigkeit, auf der anderen Seite beurteilt er ihre Rede als unzusammenhängend und rationalisierend. Simone bittet ihn nur um seinen Segen, nicht um die Taufe. Es ist Simone Deitz, die Simone in der Tat kurz nach den Besuchen des Abts tauft. DochSimone scheint diese Taufe nicht als gültig angesehen zu haben, da sie danach nicht um die Kommunion bittet.
Zwischenzeitlich erholt sich Simone etwas und liest wieder die Bhagawadgita in Sanskrit. Mitte Juni ist ihr Zustand jedoch wieder genauso schlecht wie zur Zeit der Einlieferung ins Krankenhaus. Sie bittet darum, in ein Sanatorium verlegt zu werden, da sie das Gefühl hat, im Krankenhaus zu ersticken. Mit ihrem Arzt, Doktor Bennett, versteht Simone sich überhaupt nicht, er findet, daß sie die schwierigste Patientin sei, die er jemals hatte. Als er erfährt, daß Simone schon zu wenig aß, bevor sie ins Krankenhaus eingeliefert wurde, schließt er daraus, daß sie sich in ihrer Mansarde zu Tode gehungert habe. Die Frage stellt sich, ob Simone mit ihrer Weigerung, genug zu essen, „Selbstmord auf Raten" begangen habe. Sicherlich ist sie sich der Lebensgefahr bewußt gewesen und sicherlich mußte ihre Lebensweise zu einem frühen Ende führen. Jedoch kann man nicht von Selbstmord im strengen Sinn sprechen, denn kurz vor ihrem Tod denkt sie daran, ihre Eltern in Algier zu treffen. Außerdem hat sie in ihren Werken den Selbstmord häufig verurteilt und stets als Flucht aus der Wirklichkeit abgelehnt. Es ist vielmehr anzunehmen, daß es physisch immer schwieriger für sie wurde, Nahrung zu sich zu nehmen, und daß sie es aus moralischen Gründen nicht im ausreichenden Maß wollte. Vielleicht spielt eine Magersucht hier auch eine ausschlaggebende Rolle.
Ende Juli bricht sie mit der Exilregierung. Sie kritisiert die Rivalität zwischen de Gaulle und Giraud und lehnt die Gründung einer gaullistischen Partei ab. Sie schreibt ihren

Eltern in einem Brief vom 15. Juni: „Wenn Ihr Boris (Souvarine) seht, sagt ihm, daß ich überhaupt keine Verantwortung hatte noch habe, und, wie ich hoffe, haben werde (ich würde es vorziehen, unter Brücken zu schlafen) – weder für das Gute noch das Schlechte" (EL, 244).

Sie kündigt am 26. Juli ihre Stelle bei der Exilregierung und begründet dies in einem langen Brief an Closon. In einem Postskriptum macht sie noch einige persönliche Bemerkungen: „Ich bin am Ende, kaputt, jenseits jeder Möglichkeit der Wiederherstellung, und dies unabhängig von den Bazillen von Koch. Sie haben nur von dem Mangel an Abwehr profitiert und natürlich arbeiten sie daran, noch ein wenig mehr zu zerstören. Nach der günstigsten Hypothese (...) kann das Objekt zwar nicht repariert, aber doch provisorisch zusammengeklebt werden, so daß es noch einige weitere Jahre teilweise funktionieren kann. Eine kleine Anzahl Jahre" (SP II, 508).

Als Schumann sie Ende Juli besucht, streiten sie heftig. Simone wirft ihm den Verfall der Exilregierung vor und kritisiert seine zu freundlichen Äußerungen gegenüber der Sowjetregierung im Radio. Außerdem habe Schumann versagt, weil er Simones Einsatz im Rahmen einer Sabotageaktion nicht durchsetzen konnte. Sie verbietet ihm nicht zu kommen, aber sie macht deutlich, daß sie niemals wieder mit ihm sprechen werde. Tatsächlich verläuft ihre letzte Begegnung schweigend, sein Geschenk, Vercors „Le silence de la mer" schaut sie nicht einmal an.

Madame Closon und Madame Rosin haben die Aufnahme Simones im Grosvenor Sanatorium in Ashford/Kent organisiert. Doktor Bennett, der davon nichts weiß, will einen Pneumothorax machen. Simone lehnt ab, zum einen weil sie sich ins Sanatorium verlegen lassen will, zum anderen weil sie bezweifelt, daß diese Therapie die richtige für sie sei.

Simone schreibt letzte Briefe an ihre Eltern, in denen sie ihre Verbitterung äußert: „Aber ich habe auch eine Art von wachsender innerer Gewißheit, daß sich in mir ein Schatz puren Goldes befindet, der übergeben werden muß. Allein die Erfahrung und die Beobachtung meiner Zeitgenossen überzeugt mich mehr und mehr, daß es niemanden gibt, der ihn empfangen könnte (EL, 250)".

Im Artikel *Luttons-nous pour la justice?* (EL, 45–57) hatte sie schon über die „folie d'amour" (Verrücktheit aus Liebe) geschrieben. In ihrem Brief an ihre Eltern vom 4. August hebt sie die Ähnlichkeit zwischen den Narren Shakespeares und sich selbst hervor: „In dieser Welt gibt es Wesen, die auf der letzten Stufe der Demütigung, weit unterhalb der Bettelei, angekommen sind. Sie erhalten nicht nur keine soziale Anerkennung, sondern werden auch von allen als der wichtigsten menschlichen Würde, der Vernunft, beraubt angesehen – diese haben in der Tat die Möglichkeit, die Wahrheit zu sagen. Alle anderen lügen. Darling, Mutter, spürst Du die Ähnlichkeit, die wesentliche Analogie zwischen diesen Verrückten und mir – trotz der Ecole (Normale), der Agrégation und dem Lob meiner ‚Intelligenz'?" (EL, 255f)

Am 17. August überwacht Simone das Einpacken ihrer Bücher – Platon, die Bhagawadgita, Johannes vom Kreuz – und wird in einem Krankenwagen in Begleitung von Thérèse Closon nach Ashford gebracht. Der Direktor, Doktor Roberts, hatte sie zuerst nicht aufnehmen wollen, weil es ein Sanatorium vornehmlich für Industriearbeiter war und er fälschlicherweise fürchtete, daß Simone sich als Intellektuelle dort nicht wohl fühlen würde. Bevor sie abfährt, schreibt Simone noch einen kurzen Brief an ihre Eltern, in dem sie sie darauf vorbereitet, daß ihre Briefe in Zukunft seltener und kürzer werden. Vielleicht ist dieses Schreiben ein Zeichen für Simones Wissen um ihren baldigen Tod. Als sie ihr Zimmer im Sanatorium sah, soll sie gesagt haben: „Welch ein schöner Ort zum Sterben!" Zu Simone Deitz, ihrer letzten Besucherin, bemerkt sie: „Wie ich sind Sie ein Stück, das Gott schlecht geschnitten hat.

Aber ich werde nicht mehr länger abgeschnitten sein, ich werde wiederangefügt und vereint sein."
In Ashford versucht das Pflegepersonal wieder, Simone zum Essen zu bewegen. Sie gibt sich redlich Mühe, kann aber nur wenig zu sich nehmen. Thérèse Closon bittet sie bei einem Besuch, ihr ein Kartoffelpüree zu machen, auf französische Art, so wie ihre Mutter es zuzubereiten pflegte.
Am 24. August 1943 fällt Simone um halb fünf ins Koma. Um halb elf stirbt sie. Die Todesursache ist nach dem Urteil des Staatsanwalts ein Herzversagen, das auf die Schwächung der Herzmuskeln zurückgeht, die ihrerseits durch mangelnde Nahrungsaufnahme und Lungentuberkulose hervorgerufen wurde. Dieser Diagnose folgt ein Satz, der den Selbstmord als Ursache annimmt: „Die Verstorbene hat sich selbst getötet und sich selbst zerstört, indem sie zu einer Zeit, als das Gleichgewicht des Geistes zerstört war, die Nahrungsaufnahme verweigert hat" (SP II, 517).
Die Zeitung „Tuesday Express" bringt einen Bericht auf der Titelseite mit der Überschrift „Französische Lehrerin hungert sich zu Tode" und der „Kent Messenger" überschreibt seine Story mit „Tod durch Hunger. Das seltsame Opfer einer französischen Lehrerin".
Bei der Beerdigung am 30. August in Ashford sind neun Leute anwesend: Maurice Schumann, Simone Deitz, Thérèse und Louis Closon, Mrs. Rosin und Professor Fehling, Suzanne Aron, Mrs. Francis und Mrs. Jones. Der Priester, der die Beerdigung vornehmen soll, verpaßt (vielleicht absichtlich) den Zug, und Maurice Schumann liest zusammen mit Thérèse Closon die Gebete. Simone Weil wird in dem Teil des Friedhofs zwischen dem jüdischen und dem katholischen Sektor begraben. Fünfzehn Jahre lang wird es ein anonymes Grab bleiben.
Die Einwohner Ashfords halten es für das Grab eines Armen. Simone Weil hat zwar nicht den Tod gefunden, den sie

haben wollte, den Tod inmitten einer gefährlichen Aktion für andere. Aber ihr Tod ist trotzdem der Höhepunkt eines Lebens gewesen, das sich – auch im materiellen Sinne – für andere aufgezehrt hat.

9. Die aktuelle Bedeutung Simone Weils als Frau

Die Gleichberechtigung der Frau ist heute in vielen Bereichen noch nicht realisiert. Immer noch haben nur wenige Frauen Spitzenämter in Politik und Wirtschaft inne, immer noch geschieht es, daß Frauen für die gleiche Arbeit weniger Geld bekommen als Männer. Zwar hat die Gleichberechtigung in den letzten Jahrzehnten große Fortschritte sowohl in der Praxis als auch im Bewußtsein der Menschen gemacht, doch sind wir noch weit von einer völligen Umsetzung auf allen Ebenen entfernt. Immer noch ist es auch die Gebärfunktion der Frau, die sie untauglich erscheinen läßt für eine Karriere. Manche Frau verzichtet deshalb von vornherein auf einen beruflichen Aufstieg.

Simone Weil hat sich gegen die traditionelle Frauenrolle entschieden und auf Ehe und Familie verzichtet. Dieser Entschluß hat vielfache Gründe; der Wunsch nach einer politisch-sozial engagierten Lebensführung kann nur als einer der für diese Entscheidung maßgeblichen Faktoren angesehen werden. Dieser Beweggrund kann jedoch in seiner aktuellen Bedeutung nur deutlich werden, wenn man die Situation der französischen Frau in den zwanziger Jahren bedenkt.[16] Diese unterschied sich in bedeutsamer Weise von der Lage der Frau heute. Die verheiratete Frau mußte ihrem Mann gehorsam sein; erst 1938 und 1942 wird die Gehorsamspflicht abgeschafft. 1945 bekommt die französische Frau endlich das Stimmrecht. Die ledige Frau war frei, kann sich aber wegen des Mangels an sozialer Anerkennung nicht verwirklichen. Eine Tochter wurde von ihren Eltern im Hinblick auf die Ehe erzogen und erhielt eine schlechtere Ausbildung als ein männliches Kind. Folglich sah auch die Frau selbst in der Ehe eine Möglichkeit, ihren Unterhalt zu sichern und möglicherweise in eine höhere gesellschaftliche Schicht aufzusteigen. Dies galt nicht nur für das bürgerliche

Mädchen, sondern auch für die Arbeiterin, für die die Arbeit nur eine Pflicht war, von der sie sich durch Verheiratung gerne befreite. Eine unabhängige, ledige Lebensführung hätte Verzicht auf Müßiggang und Auflehnung gegen die mangelnde soziale Anerkennung der unverheirateten Frau bedeutet.

Simone Weil ist ganz anders aufgewachsen als die durchschnittliche französische Frau. Sie erhält eine genauso gute Ausbildung wie ihr Bruder, und ihre Mutter fördert bei ihr die männlichen Tugenden. So hat sie es leichter, die herkömmliche Frauenrolle zu verweigern. Ein anderer Grund für den Verzicht auf Liebe und Ehe ist sicherlich eine Blokkade hinsichtlich körperlicher Berührungen und Sexualität. Simone Weil bekommt aber auch die Grenzen zu spüren, die die Gesellschaft der Frau setzt: Schon in ihrer Kindheit wird ihre Schönheit gelobt, nicht aber ihre Intelligenz, das Genie ihres Bruders überschattet in gewisser Weise ihre Jugend, und von Bouglé, dem stellvertretenden Direktor der Ecole Normale, wird sie wegen ihres sozialen Engagements bezeichnenderweise spöttisch „Rote Jungfrau“ genannt. Die gesellschaftlichen Bedingungen veranlassen sie, auf ihre Weiblichkeit zu verzichten und nicht nur ein „männliches“ Leben zu führen, sondern sich auch männlich zu kleiden. Es stellt sich die Frage, ob es Simone Weil gelungen ist, eine neue wirkliche Identität zu finden, ob sie beispielhaft eine androgyne Existenz vorgelebt hat. Wenn man davon ausgeht, daß zur vollen Menschlichkeit auch das Akzeptieren der eigenen Geschlechtlichkeit gehört, so ist das Modell Simone Weils sicherlich nicht gelungen.

In anderer Hinsicht jedoch realisiert sie eine Synthese von Männlichkeit und Weiblichkeit, und darin liegt auch ihre Bedeutung für den modernen Menschen. Simone verwirklicht in allen Lebensabschnitten eine Einheit von Ratio und Gefühl. Ihre hohe Intelligenz und ihr philosophisch-literarisches Genie erlauben es ihr, brillante philosophisch-soziale Studien sowie später eine philosophische Mystik zu entwerfen, gleichzeitig aber ist sie zum tiefen Mitgefühl mit dem leidenden Menschen fähig – und dies in allgemeiner wie in besonderer Hinsicht, wie ihre Fürsorge für den Häftling Antonio zeigt. Gleichwohl gelingt diese Einheit nicht völlig. Simone selbst ist in ihrer späten Mystik der Überzeugung, daß die Vernunft der Intuition untergeordnet werden muß (C III, 139), kann diese Ansicht aber nicht leben und stirbt letztlich auch an dem Verlangen ihres Verstandes nach Wahrheit, nach der Einsicht in die Vereinbarkeit des Glaubens an den guten Gott und des Leidens in der Welt. Sie bringt den Problemen ihrer Zeit und den Nöten ihrer Mitmenschen eine Aufmerksamkeit entgegen, die man als rezipierend-weiblich bezeichnen könnte. Diese Aufmerksamkeit ist jedoch keineswegs passiver Natur, sondern führt zum Handeln, zur politisch-sozialen Aktivität, also zu einer eher männlichen Verhaltensweise.

Simone Weil ist keine Feministin, wie sie einmal ausdrücklich erklärt, obwohl sie sicherlich die Ziele der Frauenbewegung bejaht, die im 19. Jahrhundert entstand. Deshalb darf sie auch nicht für den Feminismus vereinnahmt werden. Ihre Bedeutung liegt aber in verschiedenen Grundstrukturen ihres Denkens und Lebens, die zum Teil als vorbildhaft für die heutige Zeit gelten können. Eher weiblich ist ihre Denunzierung der politischen und gesellschaftlichen Macht (sowie der Macht des Geldes und anderer moderner Götzen) und ihre Ethik des Verzichts, die ihren definitiven Ausdruck im Begriff „Décréation“ findet. Mit dieser neuen Sichtweise, die unabdingbar für die Rettung der Welt aus der ökologischen Katastrophe ist und darüber hinaus allein eine weltweite Friedensordnung ermöglicht, erweist sich Simone Weil als moderne jüdische Prophetin in der Nachfolge der Propheten des Alten Testaments.

Simone Weil sprengt alte patriarchalische Denkmuster auf und entwirft vor allem in ihrem letzten Werk *L'enracinement*

die Vision einer auf Ausgleich beruhenden Gesellschaft (wenngleich manche ihrer Vorschläge dort recht anachronistisch anmuten). Sie ist eine Denkerin, die vor allem gegen Ende ihres Lebens in Beziehungen denkt und den Kategorien Harmonie und Proportion große Bedeutung beimißt. Dieses Beziehungsdenken zeigt sich in der Universalität Simone Weils, die sich mit dem ganzen Universum verbunden fühlte, mit allen Völkern und Kulturen, abgesehen von den Römern und den Juden. Diese Ausnahmen weisen auf die Brüche im Leben Simone Weils hin. Sie läßt nicht alle Seiten ihrer Existenz zu, sie verdrängt ihr Jüdischsein und ihre Sexualität. Wenn Identität die Einheit des Menschen und seines Lebens mit dem, was er wirklich ist, meint, so hat Simone Weil ihre Identität nicht gefunden, vielleicht, weil ihr Leben ein Fragment geblieben ist. Ihr Jüdischsein verdrängt sie, weil ihre Sozialisation in keiner Weise jüdisch geprägt ist. Das Judentum bleibt ihr völlig fremd, und dieses Fremde kann sie nicht in ihre Persönlichkeit integrieren. Der mehr oder weniger latente Antisemitismus der westlichen christlichen Zivilisation wird dazu geführt haben, daß sie es unbewußt als Makel empfunden hat.
Die Verdrängung ihrer Sexualität ist zum einen in der Begegnung mit einem Exhibitionisten im Jardin du Luxembourg begründet, die Simone Weil anscheinend nie verarbeitet hat. Zum anderen liegt ein weiterer Grund in der übertriebenen Hygiene im Arzthaus Weil. Auf einer tieferen psychischen Ebene könnte aber eine Magersucht Ursache der Verdrängung sein.
Trotz dieser Brüche, die jedes Menschenleben in mehr oder weniger starkem Maße aufweist, ist das Zeugnis Simone Weils überzeugend durch die Einheit von Denken und Handeln. Vielleicht sind es gerade auch die Widersprüche, die ihrer Persönlichkeit Anziehungskraft verleihen, denn diese machen sie für uns erst lebendig.

Zeittafel

1872
7. April Geburt des Vaters Simone Weils, Bernhard Weil, in Strasburg.

1879
13. Jan. Geburt der Mutter Simone Weils, Salomea Reinherz, in Rostow am Don.

1905
April Hochzeit der Eltern Simone Weils.

1906
6. Mai Geburt André Weils in Paris.

1909
3. Febr. Geburt Simone Weils in Paris, Boulevard de Strasbourg, 19.

1913
Umzug zum Boulevard Saint-Michel 37/III.
Okt. Blinddarmoperation Simones.

1914
Dr. Weil wird als Arzt eingezogen, geht an die Front, dann nach Neufchâteau.

1916
S.W. erhält Privatunterricht in Chartres.

1917
Schulbesuch in Laval.

1919
Jan. Rückkehr der Familie Weil nach Paris.
3. Okt. S.W. besucht das Lycée Fénelon. Schreibt das Märchen *Lutins du feu.*

1921
Wegen ihres Gesundheitszustandes Privatunterricht.
Sommer Reise in den Schwarzwald.

1923
Pubertäre innere Krise.

1924
Juli S.W. besteht den ersten Teil des Abiturs in Latein und Griechisch.

1924–1925
Schülerin des Philosophieprofessors Le Senne am Lycée Victor-Duruy.

1925
Zweiter Teil des Abiturs (Philosophie).
ab Okt. Schülerin Alains am Lycée Henri IV.

1926
Mißerfolg bei der Geschichtsprüfung. Topos für Alain *Le Beau et le Bien.*

1927
Gründung der „Groupe d'Education Sociale" in der Rue Falguière. S.W. gibt dort Kurse.

1928
Aufnahme in die Ecole Normale Supérieure. S.W. nimmt an gewerkschaftlichen und antimilitaristischen Aktionen teil.

1929

S.W. schreibt sich in die Liga der Menschenrechte ein.
Mai Umzug der Familie Weil in ein Doppelappartement Rue Auguste Comte 3.
Mai–Aug. Erste Veröffentlichungen in Alains „Libres Propos".
Okt. S.W. schreibt ihre Examensarbeit über Descartes.

1930

Beginn der heftigen Kopfschmerzen.
Juli–Okt. S.W. verteidigt ihre Examensarbeit und bereitet ihre Agrégation in Philosophie vor.

1931

Juli–Sept. S.W. besteht die Agrégation und bekommt eine Stelle als Philosophielehrerin am Mädchengymnasium in Le Puy. Nimmt Kontakt zu revolutionären Gewerkschaftern in St. Etienne auf. Hält dort unentgeltlich Kurse in der Arbeiterstudienschaft ab.
Dez. Affaire der Arbeitslosen von Le Puy.

1932

Zahlreiche Artikel in „L'Effort", „La Tribune", „Le Bulletin des Instituteurs".
Aug. Reise nach Deutschland (Berlin und Hamburg). Darüber Artikelserien (bis April 1933): *Conditions d'une révolution allemande*, *Allemagne en attente*, *Premières impressions d'Allemagne*, *La Situation en Allemagne*.
Nov. Erste Kontakte mit Boris Souvarine.

1933

Aug. Ferien mit der Familie in Spanien.
25. Aug. Artikel *Perspectives. Allons-nous vers la révolution prolétarienne?*

Sept. S.W. schreibt für die Zeitschrift Souvarines „La critique sociale".
Okt. S.W. wird Philosophielehrerin in Roanne.
21./22. Okt. Demonstrationen in Saint-Etienne, S.W. trägt die rote Fahne der Bergarbeiter und hält eine Ansprache.
28. Okt. Kongreß der C.G.T.U. S.W. setzt sich für die Vereinigung mit der C.G.T. ein.
31. Dez. S.W. bringt Trotzki und seine Frau für einige Tage bei ihren Eltern unter.

1934
März Artikel *Un soulèvement prolétarien à Florence.* Besprechung des Buches „Karl Marx" von Otto Rühle.
Mai bis Herbst *Réflexions sur les causes de la liberté et de l'oppression sociale* entsteht.
ab Okt. Unbezahlter Urlaub zwecks persönlicher Studien.
4. Dez. Arbeiterin bei der Elektro-Firma Alsthom; *Journal d'usine* entsteht.

1935
15. Jan.–24. Feb. Krankheitsurlaub wegen Ohrenentzündung.
3.–22. Febr. Erholung in Montana (Schweiz).
25. Febr.–5. April Wiederaufnahme der Arbeit.
11. April S.W. nimmt die Arbeit bei J.-J. Carnaud et Forges de Basse-Indre auf.
7. Mai Entlassung.
6. Juni Arbeitsbeginn bei Renault als Fräserin.
23. Aug. Ende der Fabrikarbeit.
25. Aug.–22. Sept. Ferien in Spanien und Portugal.
Okt. S.W. tritt eine Stelle in Bourges an.
28. Nov. Besuch einer Fabrik in Vierzon.
Dez. Erste Begegnungen mit dem technischen Direktor der Hüttenwerke von Rosières, Victor Bernard.

1936

ab 6. März Arbeit auf einem Bauernhof.

Jan.–März Auseinandersetzungen und Korrespondenz mit Bernard.

16. Mai *Antigone* erscheint in der Werkszeitschrift von Rosières, „Entre nous".

10. Juni *La vie et la grève des ouvriers métallos* (in „La Révolution Prolétarienne").

Juni Korrespondenz mit Auguste Detoeuf, Leiter der Firma Alsthom.

Aug. Teilnahme am Bürgerkrieg in Spanien auf der Seite der Republikaner.

Sept. Rückkehr wegen Verbrennungen mit siedendem Öl. Krankheitsurlaub für ein Jahr.

1937

4./10.Febr. Artikel über Marokko in „Syndicats et Vigilance".

23. Febr. Vortrag über den Taylorismus.

Anf. März Brief an Emmanuel Mounier, Chef der Zeitschrift „Esprit".

März Erholung in Montana, Begegnung mit Jean Posternak.

1./5. April Ne recommençons pas la guerre de Troie („Nouveaux Cahiers", Nr. 2 und 3).

23. April–16. Juni Reise nach Italien.

Sommer Brief an Giraudoux über „Elektra"; Gedicht *Prométhée.*

30. Sept. *La Condition ouvrière.*

Okt. Stelle in Saint-Quentin am Mädchengymnasium.

Allerheiligen Reise nach Amsterdam.

1938

Jan.–Juni Krankheitsurlaub wegen der Kopfschmerzen.

10.–18. April Aufenthalt in der Benediktinerabtei Solesmes; erstes Erlebnis von Ekstase.

Ende Mai–Anf. Aug. Reise nach Italien.
Sommer Brief an Georges Bernanos.
Nov. oder Dez. Erste mystische Erfahrung.

1939

Ende März *Réflexions en vue d'un bilan*. Unter dem Eindruck des Einzugs Hitlers in Prag Aufgabe des radikalen Pazifismus.
Aug. Aufenthalt in Genf, um die Prado-Sammlungen zu sehen.
Herbst Quelques réflexions sur les origines de l'hitlérisme und *L'Iliade, ou le poème de la force*. Forschungen auf dem Gebiet der Religionsgeschichte.

1940

S.W. liest mit Begeisterung die Bhagawadgita. Beginnt mit der Arbeit an *Venise Sauvée. Projet d'une formation d'infirmières de première ligne*.
13. Juni Familie Weil verläßt Paris.
Anf. Juli Ankunft in Vichy.
19. Aug. Bewerbung um eine Stelle im Ausland.
15. Sept. In Marseille nimmt S. W. Kontakt mit der Gruppe um die „Cahiers du Sud“ auf.
Weihnachten S.W. begegnet Pierre und Hélène Honnorat wieder, die sie mit Pater Perrin bekannt machen.

1941

S.W. beginnt Tagebücher zu führen, trifft René Daumal, bei dem sie Sanskrit lernt, und nimmt Kontakt zur „Société d'Etudes philosophiques“ von Marseille auf.
23. Jan. Brief an Déodat Roché über die Katharer.
März S.W. nimmt die Korrespondenz mit dem Gefangenen Antonio Atares auf.
30. März Teilnahme an einer Versammlung der J.O.C. *A propos des jocistes*.

April–Frühjahr Mehrere Verhöre durch die Polizei. *La Science et nous.*
7. Juni Erste Begegnung mit Pater Perrin.
7. Aug. Landarbeit in Saint-Marcel d'Ardèche bei Gustave Thibon.
10.–20. Sept. Urlaub in Le Poët. Sie liest „Taoteking" und die „Upanischaden".
22. Sept.–22. Okt. Weinlese in Saint Julien de Peyrolas.
19. Okt. Brief an Xavier Vallat, den Kommissar für Judenfragen.
23. Okt. Rückkehr nach Marseille.
Winter Zwei Artikel für die Sondernummer der „Cahiers du Sud". Aufsätze, die in *Attente de Dieu* und in *Pensées sans ordre concernant l'amour de Dieu* herausgegeben wurden. Aufsätze *L'avenir de la science* und *Réflexions à propos de la théorie des quanta*. Kommentare zu griechischen Texten in der Krypta des Dominikanerklosters, die in *Intuitions préchrétiennes* und später in *La source grecque* erscheinen. Gedichte: *La Mer, Les Astres.*

1942
19. Jan. Brief an Pater Perrin über die Taufe.
Febr. Brief an S. Pètrement über den Zen-Buddhismus und die Gita.
Ende März S.W. trifft Joë Bousquet in Carcassonne.
Ostern Teilnahme an den Gottesdiensten in der Benediktinerabtei En-Calcat. Gespräche mit Dom Clément Jacob.
12. Mai Abschiedsbrief an Joë Bousquet.
14. Mai Abschiedsbrief an Pater Perrin (Spirituelle Autobiographie). Abfahrt nach Großbritannien.
18. Mai Aufenthalt in Oran.
20. Mai Aufenthalt in Casablanca. Kommentare pythagoreischer Texte.
26. Mai Letzter Brief an Pater Perrin.
7. Juni Abfahrt nach New York.

6. Juli Ankunft in New York. S. W. trifft Jacques Maritain und Pater M.-A. Couturier. Briefwechsel mit Maurice Schumann, weil sie so schnell wie möglich nach England gelangen will.
Okt. S.W. schreibt den größten Teil ihrer Tagebücher von Amerika (CS).
10. Nov. Abfahrt nach Großbritannien.
25. Nov. Aufenthalt von 18 Tagen in Liverpool.
14. Dez. Ankunft in London. Arbeit für die Forces de la France libre. *L'enracinement* und *Ecrits de Londres* entstehen.

1943
15. April S.W. kommt ins Middlesex-Hospital.
Ende Mai Sie studiert wieder Sanskrit.
26. Juli Sie schickt ihre Kündigung an Louis Closon.
17. Aug. Verlegung ins Grosvenor-Sanatorium in Ashford/Kent.
24. Aug. Tod Simone Weils.
30. Aug. Beerdigung auf dem Friedhof von Ashford.

Literaturverzeichnis

1. Schriften Simone Weils

1.1. Posthum veröffentlichte Werke

Attente de Dieu, Paris ²1950.
Cahiers I, Paris ²1970.
Cahiers II, Paris ²1972.
Cahiers III, Paris ²1976.
La condition ouvrière, Paris 1951.
La connaissance surnaturelle, Paris 1950.
Ecrits historiques et politiques, Paris 1960.
Ecrits de Londres et dernières lettres, Paris 1957.
L'enracinement. Prélude à une déclaration des devoirs envers l'être humain, Paris ²1950.
Intuitions préchrétiennes, Paris 1951.
Leçons de philosophie de S. Weil (Roanne 1933–1934). Transcrites et présentées par Anne Reynaud-Guérithault, Paris ²1966.
Lettre à un religieux, Paris 1951.
Oeuvres complètes Bd. I–VII, hrsg. von André-A. Devaux u. Florence de Lussy, Paris, ab 1988. Bisher erschienen: Bd. I, II, 1–3, IV,1 und VI, 1–4.
Oppression et liberté, Paris 1955.
Pensées sans ordre concernant l'amour de Dieu, Paris 1962.
Poèmes suivis de „Venise sauvée", Paris 1968.
Sur la science, Paris 1965.
La source grecque, Paris 1969.

1.2. Deutsche Übersetzungen

Cahiers/Aufzeichnungen, Bd. 1–4, hrsg. und übers. von Elisabeth Edl u. Wolfgang Matz, München/Wien, 1993–1998.
Die Einwurzelung. Einführung in die Pflichten dem menschlichen Wesen gegenüber. Übers. v. F. Kemp, München 1956.
Entscheidung zur Distanz. Fragen an die Kirche. Übers. u. Nachwort v. F. Kemp, München 1988.
Fabriktagebuch und andere Schriften zum Industriesystem. Übers. v. H. Abosch, Frankfurt/M. 1978.
Schwerkraft und Gnade. Übers. v. F. Kemp, München ²1989.
Das Unglück und die Gottesliebe. Übers. v. F. Kemp, München 1953.
Unterdrückung und Freiheit. Politische Schriften. Übers. v. H. Abosch, München 1975.

Vorchristliche Schau. Übers. v. F. Werle, München 1959.
Zeugnis für das Gute. Traktate – Briefe – Aufzeichnungen. Übers. v. F. Kemp, Olten/Freiburg i. Br. [2]1979.

2. Sekundärliteratur (in Auswahl)

Abbt, Imelda u. Müller, Wolfgang W. (Hg.), Simone Weil – Ein Leben gibt zu denken, St. Ottilien 1999.
Cabaud, Jacques, Die Logik der Liebe, Freiburg, München 1968.
Fiori, Gabriella, Biografia di un pensiero, Mailand 1981 (franz. Übers.: Simone Weil – une femme absolue, Paris 1987).
Krogmann, Angelica, Simone Weil in Selbstzeugnissen und Bilddokumenten (Rowohlts Monographien 166), Hamburg 1970.
Kühn, Rolf, Deuten als Entwerden. Eine Synthese des Werkes Simone Weils in hermeneutisch-religionsphilosophischer Sicht, Freiburg 1989.
Little, Janet-Patricia, Simone Weil. A Bibliography, London 1973.
Mac Lellan, David, Simone Weil, Utopian Pessimist, Houndmills, Basingstoke, Hampshire, London 1989.
Moulakis, Die Politik der Askese, Stuttgart 1981.
Müller, Hadwig, Die Lehre vom Unbewußten und der Glaube an Gott. Ein Gespräch zwischen Psychoanalyse und Glaube – Jacques Lacan/ SimoneWeil, Düsseldorf 1983.
Perrin, Jean-Marie/Thibon, Gustave, Wir kannten Simone Weil, Paderborn 1954.
Pètrement, Simone, La vie de Simone Weil, avec des lettres et d'autres textes inédits, I und II, Paris 1973.
Schlette, Heinz Robert/Devaux, André-A. (Hg.), Simone Weil. Philosophie – Religion – Politik, Frankfurt/M. 1985.
Schweizer, Erika, Geistliche Geschwisterschaft: Nelly Sachs und Simone Weil – ein theologischer Diskurs, Mainz 2005.
Seelhöfer, Dorothee, Begegnung der Konfessionen in spirituellen Lebensbildern, Mainz 2004, S. 88–112.
Vetö, Miklos, La Métaphysique religieuse de Simone Weil, Paris 1971.
Vicki-Vogt, Maja, Simone Weil. Eine Logik des Absurden, Bern 1983.
Wimmer, Reiner, Vier jüdische Philosophinnen. Rosa Luxemburg, Simone Weil, Edith Stein, Hannah Arendt, Tübingen 1990.

Zitierweise der Werke

Abkürzungen der französischen Werke

AD Attente de Dieu
C I, II, III Cahiers (1970, 1972, 1976)
CO La condition ouvrière
CS La connaissance surnaturelle
E L'enracinement
EHP Ecrits historiques et politiques
EL Ecrits de Londres
IPC Intuitions préchrétiennes
LP Leçons de philosphie
LR Lettre à un religieux
OC Oeuvres complètes
OL Oppression et liberté
P Poémes, suivis de Venise sauvée
PG La pesanteur et la grâce
PSO Pensées sans ordre concernant l'amour de Dieu
S Sur la science
SG La source grecque
CAB Cabaud, Jaques, Simone Weil. Die Logik der Liebe.
SP I, II Simone Pètrement, La vie de S.W.
CSW Cahiers Simone Weil. Zeitschrift der „Association pour l'étude de la pensée de S.W."

Abkürzungen der ins Deutsche übersetzten Werke

CA I Cahiers/Aufzeichnungen (frz.: C I)
ED Entscheidung zur Distanz (frz.: LR)
EW Die Einwurzelung (frz.: E)
FS Fabriktagebuch und andere Schriften zum Industrie- system (frz.: CO)
SWG Schwerkraft und Gnade (frz.: PG)
UG Das Unglück und die Gottesliebe (frz.: AD, es fehlt das Kapitel „Les trois fils de Noé et l'histoire de la Civilisation Méditéranée")
UF Unterdrückung und Freiheit. Politische Schriften (frz.: EHP 117–194; OL außer 205–254)
VS Vorchristliche Schau (frz.: IPC)
ZG Zeugnis für das Gute. Traktate – Briefe – Aufzeichnungen. (frz.:

aus PSO: Die Pforte, Die Gottesliebe und das Unglück, Brief an Joë Bousquet; aus AD: Betrachtungen über den rechten Gebrauch des Schulunterrichtes und des Studiums im Hinblick auf die Gottesliebe, Betrachtungen über das Vaterunser, 4 Briefe an Pater Perrin; aus C I-III: ausgewählte Hefteintragungen; aus CS: Prolog; aus UG: deutsche Version des Gedichtes „Love")

Anmerkungen

[1] de Beauvoir, Simone, Der Wille zum Glück, Reinbek 1986, 22.
[2] Fiori, Gabriella, Simone Weil. Une femme absolue 1987, 166; Fourneyron, Marie-Annette, La force incoërcible du désir, in: CSW 2 (1986), 159.
[3] André Weil, a scientist, discusses his sister with Malcom Muggeridge, The Listener, 24. Mai 1973, 674. Anders das Zeugnis G. Thibons, vgl. Perrin, J.-M./Thibon, G., Wir kannten Simone Weil, Paderborn 1954, 177.
[4] Die Topoi Simone Weils sind in OC/I veröffentlicht. Hier können aus Platzgründen nur zwei näher dargestellt werden.
[5] Die Agrégation ist eine Prüfung für Lehrer der Sekundarstufe II und ermöglicht gleichzeitig den Eintritt in die universitäre Laufbahn. Sie findet in Form eines außerordentlich strengen Wettbewerbs statt.
[6] Vgl. den Artikel S. Weils *Quelques remarques sur la réponse de la M.O.R.* (OC II, 1, 207–213).
[7] Vgl. Lettres de Simone Weil à Boris Souvarine. Présentation par Charles Jacquier, in CSW, XV, 1992, 3f.
[8] Vermutlich sind Suzanne Gauchon und Pierre Letelier gemeint.
[9] Wahrscheinlich handelt es sich um die Begegnung mit einem Exhibitionisten.
[10] Den Begriff „Notwendigkeit" entlehnt sie der griechischen Philosophie. Er umfaßt nach Simone Weil alles Negative, das Böse und das Leiden, ist aber auch in der Schönheit der Welt zu finden.
[11] *La déclaration de la C.G.T.* (OC II, 2, 383–385), *Le congrès des Métaux* (OC II, 2, 395–399), *Lettre à un syndiqué* (OC II, 2, 390–394; FS, 192–197), *Réflexions brutales*, *Lettre aux Indochinois*, *Remarques sur les enseignements à tirer des conflits du Nord* (OC II, 2, 422–430; FS 213–222), *Principes d'un projet pour un régime intérieur nouveau dans les entreprises industrielles* (OC II, 2, 431–437; FS, 223–229).
[12] Vgl. Allemand, Suzy, Simone Weil ou l'identité récusée, in: S.W., Philosophe, historienne et mystique, Communications regroupées par Gilbert Kahn, Paris 1978, 137–139.
[13] Manichäische Handschriften der Sammlung A. Chester Beatty, Bd. I, Manichäische Homilien, herausgegeben von Hans Jakob Polotsky, Stuttgart 1934.
[14] J.-M. Perrin/G. Thibon, Wir kannten Simone Weil, Paderborn 1954, S. 153.
[15] A.a.O., S. 180.
[16] Vgl. Simone de Beauvoir, Das andere Geschlecht. Sitte und Sexus der Frau, Reinbek 1991, 169–189.